Daten und Fakten zur Route 66

- Bauzeit: 1926–1937
- Länge: 2448 Meilen (ca. 3940 km)
- seit 1985 kein US-Highway mehr, ersetzt durch I-55, I-44, I-40, I-15 und I-10
- »Historic Route 66«: So werden die als »National Scenic Byway« unter Denkmalschutz gestellten Abschnitte in Illinois, Oklahoma, New Mexico und Arizona genannt.
- Startpunkt: Chicago (Ecke Adams St./Michigan Ave., Grand Park)
- Endpunkt: Los Angeles (Santa Monica Pier)
- Verlauf: durch acht US-Bundesstaaten (Illinois, Missouri, Kansas, Oklahoma, Texas, New Mexico, Arizona, California) sowie drei Zeitzonen
- Infos: www.historic66.com, www.byways.org/explore/byways/2489, www.national66.com, www.nps.gov/history/nr/travel/route66 bzw. www.nps.gov/rt66

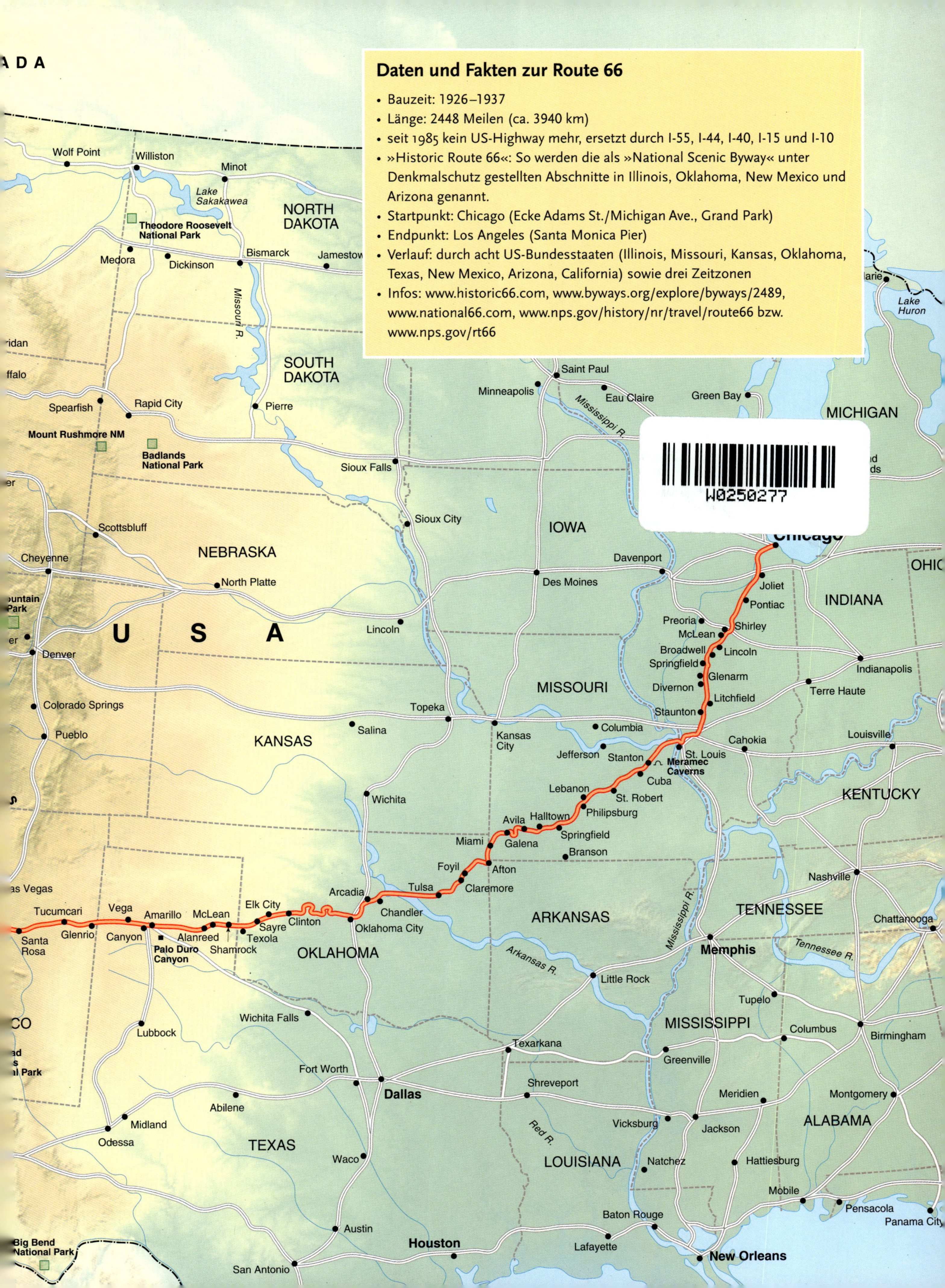

Phillips 66
Phillips 66
MAHAN'S
FILLING STATION
Phillips 66
MIDDLETOWN ILL USA
555
748 BDF
Coca-Cola
Phillips 66
Phillips 66
ROUTE
US
66
FILL WATER HERE
Firestone

ROUTE 66

Christian Heeb · Margit Brinke · Peter Kränzle

If you ever plan to motor west,
Travel my way, take the highway that is best.
Get your kicks on Route 66 ...

Legendärer Popsong,
1946 erstmals von Nat King Cole veröffentlicht

BRUCKMANN

Inhalt

△ **Die Route 66** passiert satte grüne Felder wie auch karge Gebirgslandschaften.
▽ **Schon zu Zeiten** der Route 66 waren die Trucks die »Herren der Straße«.

Get your kicks on Route 66

In seinem Monumentalwerk »Früchte des Zorns« beschreibt der Literatur-Nobelpreisträger John Steinbeck die Bedeutung der legendären Route 66 und spricht erstmals von der »Mother Road«, der Mutter aller Straßen. Während ihr in Deutschland ein besonderes Flair anhaftet und sie mit Motorrädern und Oldtimern, Freiheit und Weite assoziiert wird, verbinden die meisten Amerikaner – im Sinne Steinbecks – mit der Route 66 die »Straße eines Volkes auf der Flucht«. In den 1930ern, während der Wirtschaftskrise und der Zeit der Naturkatastrophen, dem sogenannten Dust Bowl, zogen Hunderttausende auf der Route 66 aus dem Mittleren Westen ins »Gelobte Land« Kalifornien.

Zwischenzeitlich haben die Menschen, die entlang der alten Route 66 leben, begriffen, dass diese Straße auch ein Stück Geschichte ist. Sie wurde 1926 als erste durchgehende Verbindung zwischen Chicago im Mittleren Westen und Los Angeles an der Westküste konstruiert.

Bis zum Bau der Route 66 gab es nur eine einzige Straße, die Ost- und Westküste miteinander verband: nämlich den 1913 eröffneten und 5454 Kilometer langen Lincoln Highway zwischen Times Square in New York und Lincoln Park in San Francisco.

Als Väter der »Mother Road« gelten Cyrus Stevens Avery aus Tulsa (Oklahoma) und John T. Woodruff aus Springfield (Missouri). Auf ihre Initiative hin machte man sich 1926 daran, die Ost-West-Überlandroute Stück für Stück auszubauen, zunächst, indem man einfach bestehende Straßen miteinander verband. Bei der Planung der damals 2448 Meilen (ca. 3940 km) langen Strecke zwischen Chicago und Los Angeles war nicht der kürzeste Weg das Ziel, sondern es sollten möglichst viele Ortschaften angebunden werden. Landstraßen wurden zu einem nationalen Netz ausgebaut, und so hielt in mancher entlegenen Gegend plötzlich die Moderne Einzug. Bereits 1926 wurde feierlich das erste Teilstück der Route 66 zwischen Chicago und St. Louis eröffnet.

Der Bundesstaat Illinois ist deshalb bis heute stolz darauf, als erster eine Strecke gepflastert zu haben.

Dann zog sich der Bau der Route 66 hin. Erst der »New Deal«, eine Arbeitsbeschaffungsmaßnahme während der Wirtschaftskrise 1933 bis 1937, ermöglichte es, dass Arbeitslose aus ganz USA zum Straßenbau herangezogen werden konnten. 1938 war die gesamte Strecke durchgehend gepflastert, und der Verkehr nahm ständig zu. Unter den damaligen Reisenden befand sich Robert William »Bobby« Troup jr. aus Harrisburg, Pennsylvania. Der einstige Pianist der Tommy Dorsey Band verfasste auf der Fahrt auf der Route 66 eine »lyrische Landkarte« und komponierte den Song »Get your kicks on Route 66«. Erstmals kam das Lied 1946 aus den Lautsprechern, von einer Platte von Nat King Cole; weltberühmt machten es aber erst die Rolling Stones 1964.

Im Laufe der Jahrzehnte entwickelte sich entlang der Strecke eine Infrastruktur mit Motels, Diners, Tankstellen und Werkstätten – heute historische Attraktionen.

Die schmale, oft kurvenreiche Landstraße war jedoch als wichtige Transkontinentalverbindung schon bald dem Verkehr nicht mehr gewachsen. Sie wurde auf vier Fahrbahnen erweitert, Begradigungen und Ortsumfahrungen entstanden und der erste Schritt in Richtung Interstate-System war getan. Präsident Dwight D. Eisenhower, ein Bewunderer der deutschen Autobahnen, initiierte 1956 den »Federal Interstate Highway Act«, und überall im Land entstanden moderne Autobahnen.

Die Route 66, die einst acht Bundesstaaten durchquerte, geriet mehr und mehr in Vergessenheit. Offiziell aus den Karten gestrichen wurde sie 1985, doch die »Main Street of America«, das Symbol für Freiheit, Ungebundenheit und die »gute alte Zeit« erlebte bald ein Revival. Erste Route 66 Associations wurden 1987 in Arizona und 1989 in Missouri gegründet. Diese Zusammenschlüsse von Freunden und Förderern wollten nicht nur die Erinnerung an die Straße selbst wachhalten, sondern auch die noch vorhandenen Teilstücke, Bauten und Erinnerungsmale am Weg schützen und renovieren. Inzwischen verfügt jeder der acht einstigen Anrainerstaaten über eine eigene Route 66 Association. 1999 unterzeichnete Bill Clinton ein Gesetz zum Schutz der Route und stellte zugleich Geldmittel zur Verfügung. Seit September 2005 sind Teilstücke der Route 66 in den Bundesstaaten Illinois, Oklahoma, New Mexico und Arizona unter der Bezeichnung »Historic Route 66« sogar als »National Scenic Byway« ausgewiesen. Besonders jene Abschnitte, die noch den originalen Pflasterbelag aufweisen, vermitteln das Gefühl, die Zeit sei stehen geblieben. Aber die Route 66 lebt immer noch in erster Linie von den Menschen entlang der alten Strecke, die die Erinnerungen wachhalten.

△ **An der Kreuzung** des Lebens: Das Lied »Get your kicks on Route 66« hält den Traum am Leben.

▷ **Route 66** – die »Mother Road« – führt von Chicago nach Los Angeles quer durch den Kontinent.

ROUTE
66

Chicago – Die »Windy City«

»The Windy City« – woher die Metropole Chicago ihren Spitznamen hat, weiß niemand genau. Wegen der ständig vom See her durch die Straßenschluchten pfeifenden Winde oder eher aufgrund des schlechten Rufes der »windigen« lokalen Politiker? Sicher ist, dass Chicago die wohl »amerikanischste« Stadt in den USA ist, das »Herz Amerikas«, wie der Schriftsteller und Journalist Alfred Kerr es einmal nannte. Über die Jahrhunderte hinweg hat sich Chicago vom Indianerdorf zur Weltstadt entwickelt, von der einstigen Stadt der Schlachthöfe und Gangster wie Al Capone zum Bankenzentrum und zur Warenbörse. Zuletzt gelangte sie als – leider gescheiterter – Olympiabewerber und Heimat des ersten afroamerikanischen Präsidenten der USA, Barack Obama, in die Schlagzeilen.
Chicago hat viele Gesichter: Sie ist gleichermaßen eine Stadt der Sieger und Verlierer, der Reichen und Armen, der hemdsärmeligen Midwesterner und der eleganten City-Snobs. Die ethnische Vielfalt kommt in Stadtvierteln wie Chinatown, Greektown, den verschiedenen mexikanischen Neighborhoods, dem kleinen deutschen Viertel Lincoln Square oder Little Italy besonders gut zum Ausdruck. Auf den Straßen geht es chaotisch zu wie im europäischen Süden, doch zugleich zählt Chicago zu den grünsten und fahrradfreundlichsten Städten weltweit. Was den Ruf als Weltstadt, als Schmelztiegel, als kulinarische und Shopping-Top-Destination sowie als architektonisches Musterbuch angeht, kann Chicago sogar New York das Wasser reichen. Anders als der Big Apple präsentiert sich Chicago jedoch überschaubarer, freundlicher und zugänglicher. Die nach New York und Los Angeles drittgrößte Metropole der USA liegt direkt am Ufer des Lake Michigan, und von dort aus fällt der Blick auf eine beeindruckende Skyline. Diese hat sich zwar zur Entstehungszeit der legendären Route 66 noch etwas bescheidener, doch kaum weniger beeindruckend ausgenommen.

Chicago – Stadt der vielen Gesichter

Chicago, die Stadt der vielen Gesichter, steht synonym für Blues und Jazz, Kunst und Architektur, ist bekannt für die Magnificent Mall, ihre Gourmettempel und Tophotels, für weitläufige Parks und ethnisch-bunte Stadtviertel.

◁ **Weltberühmt geworden** ist die Buckingham Memorial Fountain als Trailer der TV-Komödie »Eine schrecklich nette Familie« (»Married with Children«). Erbaut wurde die aufwendige Brunnenanlage 1927 als markanter Punkt des Grant Park, der eine Pufferzone zwischen der Stadt und dem Lake Michigan bildet. Bereits 1836 hatte die Stadt per Gesetz ein Bauverbot entlang der Seepromenade erlassen. Sie sollte als grüne Oase zum Wohle der Bürger dienen.

◁◁ **Für viele ist New York** die Kunstmetropole der USA, doch auch Chicago bietet Kultur auf allen Ebenen, von Museen über Straßenmusikanten (Mitte) bis hin zu angesehenen Theatern, konzentriert im Theatre District um die State Street, allen voran das 1921 erbaute »Chicago Theatre« (unten).

▷ **Architektonisch präsentiert** sich die Windy City als faszinierende Mischung aus Gestern, Heute und Morgen. Viele der Gebäude stammen aus der Zeit um 1900, als die Stadt Sitz der berühmten School of Chicago war und große Baumeister wie Louis Sullivan, Frank Lloyd Wright oder Mies van der Rohe hier tätig waren. Ihnen ist auch der architektonisch wegweisende Wiederaufbau der 1871 beim »Great Fire« fast völlig niedergebrannten Stadt zu verdanken. In ihre Fußstapfen traten moderne Architekten wie Helmut Jahn, I. M. Pei oder SOM, und heute bietet Chicago einen Querschnitt durch die gesamte Weltarchitektur. Besonders gut erkennen lässt sich die architektonische Vielfalt von der Michigan Avenue Bridge (oben) aus, mit den altehrwürdigen Wrigley und Chicago Tribune Buildings im Vordergrund links (unten). Heute wirken die historischen Hochhäuser allerdings fast schon bescheiden im Vergleich zu den glitzernden modernen Glas-Stahl-Skyscrapern.

UBS

UNITRIN

GREAT
PERFORMERS
ILLINOIS

Chicago – Stadt der Musik und Kunst

◁ **Die Metropole Chicago** am Michigansee ist nicht nur ein Freiluftmuseum für Architekturfreunde, sondern auch berühmt für ihre Musikszene. Seit im frühen 20. Jahrhundert zahlreiche Afroamerikaner aus dem armen Süden in die Industriemetropole gezogen sind und ihre Musik mitgebracht haben, ist Chicago untrennbar mit Jazz und Blues verbunden. Musikfestivals und renommierte Clubs locken Abend für Abend Musikfreunde an, aber auch an den Straßenecken zeigen Chicagoer Musiker ihr Können.

◁◁ **Neuester Teil** des Grant Park ist der 2004 eröffnete Millennium Park, eine gelungene Symbiose von Architektur, Kunst und Landschaftsdesign. Seit der Eröffnung zählt das »achte Weltwunder« zu den Wahrzeichen Chicagos. Ein architektonischer Höhepunkt ist der Jay Pritzker Music Pavilion, eine Konzertbühne von Frank Gehry, bestehend aus einer rund 40 Meter hohen silberglänzenden, gefalteten und geschwungenen Stahlkonstruktion.

▷ **Wer durch die** Häuserschluchten Chicagos spaziert, findet, verteilt auf öffentlichen Plätzen und Lobbys von Bürobauten, über hundert Skulpturen bedeutender Künstler, wie hier Mirós »Chicago«. Die Kunstwerke konzentrieren sich im »Loop«, dem Herzstück der Stadt, dessen Name sich von der zu Ende des 19. Jahrhunderts erbauten Hochbahn ableitet. Sie umkreist in Form einer Schleife ein Quadrat von rund 1,5 Kilometern Seitenlänge den zentralen Bereich der Innenstadt.

▷▷ **Kunstfreunde pilgern** schon seit 1893 in den prächtigen Bau des Art Institute of Chicago. Aufgrund des Ansturms und der Fülle an Kunstwerken musste das Gebäude schon mehrfach, zuletzt 2009 mit dem Modern Wing durch Renzo Piano, erweitert werden. Bis zu 1,7 Millionen Menschen drängeln sich jährlich durch die mehr als 270 Galerien dieses zu den besten Museen Nordamerikas zählenden Kulturtempels.

Chicago – Leben am See

Chicago liegt am Südwestufer des Lake Michigan. Dieser ist einer der fünf »Großen Seen«, die mit etwa 245 000 Quadratkilometern das größte zusammenhängende Süßwasser-Binnensystem der Erde bilden und über rund 15 Prozent der globalen Süßwasserreserven verfügen. Der im Westen gelegene Lake Superior ist mit 82 414 Quadratkilometern der größte und tiefste (397 m) der fünf Seen, der kleinste ist der im Osten gelegene Lake Ontario. Neben dem Lake Michigan gehören noch der Lake Huron und der Lake Erie zu den »Great Lakes«. Die existierenden Höhenunterschiede zwischen den Seen und die dadurch entstandenen Wasserfälle, allen voran die berühmten Niagara Falls zwischen Lake Erie und Ontario, werden seit Eröffnung des St.-Lorenz-Strom-Kanals 1957 durch ein kompliziertes Schleusensystem geregelt.

◁ **Wer es gemütlicher** angehen möchte, nimmt an einer Bootsrundfahrt teil. Von kleinen Jachten über Segelboote bis hin zu Schnellbooten ist die Angebotspalette breit (oben und Mitte).

◁◁ **Die Promenade** lädt nicht nur zum Spaziergang oder zum Sonnenbad ein, Chicago gilt auch als Paradies für Fahrradfahrer (unten). Die ausgewiesenen Radwege entlang dem Ufer machen eine Radtour – auch für Besucher – zum besonderen Vergnügen, zumal man am zentralen Fahrradbahnhof im Millennium Park Räder ausleihen kann.

▷ **Ausgestattet mit** einem 35 Kilometer langen, unbebauten Uferstreifen am Michigansee genießen die Chicagoans hier das »Meeres-Feeling« und das Grün. Sie nutzen jede Gelegenheit, sich an der Promenade auszuruhen oder sich an den Stränden zu sonnen. Lässt es das Wetter zu, kann man sich bei ruhigem Seegang sogar in die Fluten des Lake Michigan (oben und unten) stürzen. Schon im 19. Jahrhundert haben Städteplaner und Politiker der Stadt erkannt, wie wichtig der Erholungsaspekt des Sees für die Bewohner ist. Daher wurde bereits 1836 das Verbot erlassen, den Uferstreifen zu bebauen. Diese Bestimmung gilt bis heute und hat bewirkt, dass sich entlang dem Seeufer eine Kette von Parks entlangzieht.

Illinois – Die Heimat Abraham Lincolns

Nun wird es Zeit, sich den Fahrtwind auf der legendären »Mother Road« um die Nase wehen zu lassen, also: »Get Your Kicks on Route 66!« Offizieller Startpunkt ist die Buckingham Fountain in Chicago, die erste Attraktion ist Lou Mitchell's Restaurant, und hier stößt man auch auf die ersten Hinweisschilder auf die historische Route 66.
Hat man die Stadt mit ihrer Hektik und ihr verschlungenes Netz der Autobahnen und der hässlichen Industrieanlagen erst einmal hinter sich gelassen, wird es im ländlichen Illinois, umgeben von Wäldern und Maisfeldern, malerischen Ortschaften – wie hier Prophetstown – und Route-66-Klassikern, idyllischer. Im Umkreis des Städtchens Joliet befinden sich gleich mehrere alte Erinnerungsstücke. Auf dem Weg südwärts Richtung Springfield gibt es ebenfalls genug zu sehen.
Illinois ist das Land des legendären Präsidenten Abraham Lincoln, des »Old Abe«, der zwischen 1837 und 1861 hier gelebt und gewirkt hat. Man begegnet ihm in der kleinen Staatshauptstadt Springfield auf Schritt und Tritt. Bezüglich der Route 66 kann sich Illinois rühmen, die Nase stets vorn gehabt zu haben. Hier wurde der erste Teil der »Mother Road« 1926 eröffnet, andererseits löste aber hier bereits 1977 die teilweise parallel verlaufende I-55 zwischen Chicago und St. Louis die alte Route ab. Immerhin erinnerte man sich in Illinois früh wieder daran, dass man über die meisten authentischen Stätten und Attraktionen entlang der alten Strecke verfügt. Fast 30 Route-66-Denkmäler reihen sich an dem ersten, 640 Kilometer langen Abschnitt zwischen Chicago und St. Louis aneinander und machen diesen Reiseabschnitt zu einem besonderen Erlebnis.

HISTORICAL
MUSEUM
HEIL
HEATING & COOLING PRODUCTS
PARKING

Launching Pad
66
GEMINI GIANT
66

Pontiac
Illinois
BOB IN
Land of Lincoln

Illinois – Erinnerungen an die Route 66

Häufig entspricht der Verlauf der Route 66 heute zwar verschiedenen anders nummerierten Straßen, doch wurde mehrmals die historische Strecke mit braunen Hinweisschildern deutlich gekennzeichnet. Auf bestimmten Teilstrecken tritt der alte Charme der Überlandstraße deutlicher zum Vorschein als auf anderen. Es geht durch verschlafene Ortschaften, man passiert alte Diners und Tankstellen und fährt an scheinbar endlosen Maisfeldern vorbei. Gerade jene Abschnitte, die noch den alten Pflasterbelag tragen, vermitteln das Gefühl, die Zeit sei stehen geblieben.

◁ Ursprünglich ein Werbegag, heute ein Erinnerungsstück aus der Blütezeit der Route 66, ist der »Gemini Giant« in Wilmington (oben). Dieser »Raumfahrt-Riese« sollte einst die Aufmerksamkeit der Passanten, wie jene im Pontiac-Oldie (unten), auf ein Lokal an der Straße lenken.

▷ Auf der Fahrt von Chicago nach St. Louis sind es vielfach nicht nur historische Bauten und Marker, die an alte Zeiten erinnern, sondern auch Wandmalereien wie das Route-66-Zeichen (oben) in der kleinen Ortschaft Pontiac. Dort befindet sich auch das Route 66 Hall of Fame and Museum (unten), und dieses widmet sich ganz der alten Überlandstraße. Neben einer Ruhmeshalle, in der an lokale Berühmtheiten, die einen Beitrag zur Route 66 geleistet haben, erinnert wird, geht es besonders um den Abschnitt in Illinois. Seine Erbauung und seine Besonderheiten wie legendäre Diners, Tankstellen und Lokale kommen zur Sprache, außerdem können Besucher hier Route-66-Souvenirs erwerben. Ein sehenswertes Museum befindet sich auch in Springfield. Dort haben Bill Shea und sein Sohn in einer alten Tankstelle (siehe Bild Seite 4) eine kuriose und überaus sehenswerte Sammlung von Erinnerungsstücken zur Geschichte der Route 66 zusammengestellt.

Missouri und Kansas – Big Prairie Country

Bisher verlief die Fahrt auf der Route 66 von Illinois überwiegend durch beschauliche, agrarisch geprägte flache Landschaft, doch jetzt öffnet sich das Tal des Mississippi – und die alte Metropole St. Louis kündigt sich an. Anschließend passiert der Reisende, heute auf der parallel zur Route 66 verlaufenden I-44, die Hügel der Ozarks. Diese einzige »echte« Bergkette zwischen den Appalachen im Osten und den mächtigen Rocky Mountains im Westen erstreckt sich südwestwärts.

Die Bewohner dieser bewaldeten und wasserreichen Mittelgebirgslandschaft genießen einen ähnlichen Ruf wie die Siedler im Hinterland von Kentucky, Tennessee oder West Virginia. Man nennt sie »Hillbillies« und beschreibt sie als genügsam, fleißig und lebensfroh, aber auch als etwas rückständig und langsam. Inzwischen hat aber auch hier der Tourismus Einzug gehalten, und Orte wie Branson, das »kleine Nashville« mit seinen Musikshows und Eventbühnen, profitieren das ganze Jahr über vom Tourismus, vor allem von amerikanischen Ausflüglern.

Gerade hier trifft man abseits der Autobahnen und entlang der noch erhaltenen Abschnitte der Route 66 immer noch auf ungewöhnliche Zeitgenossen. Manche fesseln mit ihren Geschichten, andere mit ihrer Musik oder mit ihrem handwerklichen Geschick. M. L. Liggett (Mitte) ist ein eher ungewöhnlicher Zeitgenosse. Er hat mitten auf den Wiesen, irgendwo im Grenzland zwischen Missouri und Kansas, seine vielsagenden Blechskulpturen und Schilder aufgestellt. Nicht nur die Arbeit an den Kunstwerken selbst bereitet ihm Vergnügen, sondern auch zu beobachten, wie unterschiedlich die Passanten darauf reagieren.

GODDESS
TH DIST.
10-4
HER
HIGHNESS
HILLARY
THE
HUNK
REP. McKINNEY
OUT TO LUNCH
CYCLOPS
CITY
MARSHAL

Adam's
Mark Hotel

St. Louis – Das Tor zum Westen

Missouri, das Land der »Menschen mit den großen Kanus«, wie die Indianer diese Region nannten, galt lange als »Tor zum Westen«. 1764 hatte ein französischer Trapper am Mississippi einen Handelsposten errichtet. Dieser entwickelte sich zum bedeutenden internationalen Umschlagplatz: St. Louis war geboren. 1803 gelangten der Ort und das noch weitgehend unbekannte Land zwischen Mississippi und Rocky Mountains durch einen Deal mit Napoleon, den Louisiana Purchase, in den Besitz der USA – und fortan war St. Louis als »Frontier Town« in aller Munde. Händler und Trapper aus dem Westen fanden sich ein und verschifften Handelsware flussabwärts Richtung New Orleans. Ihnen folgten im Laufe des 19. Jahrhunderts die Siedler, die von hier aus den langen Weg ins »Gelobte Land« antraten. Deutsche Reisende wie Gottfried Duden oder Maximilian Prinz zu Wied lockten mit euphorischen Berichten von der Stadt am Zusammenfluss von Mississippi und Missouri River deutsche Siedler an und ließen St. Louis – zusammen mit Milwaukee und Cincinnati – zu einer Hochburg der Deutschamerikaner werden. Auch die weltgrößte Brauerei Anheuser-Busch wurde von zwei deutschen Einwanderern gegründet.

◁ **In der modernen Innenstadt** erinnert heute kaum etwas an die Vergangenheit. Der alte Hafen wurde durch einen modernen Industriehafen ersetzt, der Mississippi zur breiten, schnurgeraden Wasserstraße ausgebaut. Nur der weithin sichtbare Gateway Arch, das moderne Wahrzeichen von St. Louis, ruft Reminiszenzen an die frühere Rolle der Stadt als Tor zum Westen wach.

▷ **Der weit ausgreifende** Stahlbogen (192 m hoch, oben) geht auf einen Entwurf des finnischen Stararchitekten Eero Saarinen aus den Jahren 1963–1965 zurück. In seinem Fundament verbirgt sich das Museum of Westward Expansion (Mitte), das sich mit der Erschließung des Westens beschäftigt. Diese hatte es erst möglich gemacht, dass die Stadt aufblühte und malerische Viertel und Orte mit gediegenen Villen (unten) entstanden.

Missouri – Zwischen Ost und West

Obwohl St. Louis ebenfalls eine französische Gründung ist, hat die Stadt nicht viel gemeinsam mit dem flussabwärts gelegenen, glamourösen und lebenslustigen New Orleans. Zu bodenständig und arbeitsam, ernst und genau sind die Bewohner – wohl ein Erbe der deutschen Zuwanderer. Lange war der Mississippi das prägende Element der Stadt, doch mit dem Ende der Dampfschifffahrt, die uns Mark Twain noch Mitte des 19. Jahrhunderts eindrucksvoll schilderte, und dem Aufkommen der Eisenbahn wandte sich die Stadt vom »Big Muddy«, vom Fluss, ab.

◁ **Eisenbahnen galten** als Mittler zwischen Ost und West der heute hochmodernen Stadt (oben). Auch wenn die Blütezeit der Eisenbahn längst vorbei ist, ist St. Louis ein wichtiger Eisenbahnknotenpunkt geblieben. Wie viele der alten prächtigen Bahnhöfe im Stil mächtiger Kathedralen erlebte auch die Union Station mit der Grand Hall (Mitte) eine Wiedergeburt als Event- und Einkaufspassage.

◁◁ **Höhepunkte** in der Stadtgeschichte stellten 1904 die Weltausstellung und die ersten Olympischen Spiele dar – damals wurde erstmals Basketball gespielt, heute neben Baseball und American Football amerikanischer Nationalsport (links unten). Zudem erinnerte man während der Weltausstellung an die genau 100 Jahre früher hier begonnene Forschungsexpedition der beiden Offiziere Meriwether Lewis und William Clark, die einst den Westen für die junge Nation öffnete. Gleichzeitig soll hier der Hot Dog erfunden worden sein. Das Flugzeug »Spirit of St. Louis«, mit dem Charles Lindbergh 1927 erstmals den Atlantik überquerte, mehrte ebenso den Ruf der Stadt wie der Blues: W. C. Handy komponierte hier 1914 mit dem »St. Louis Blues« den ersten veröffentlichten Blues-Song.

▷ **Der Bau erster Brücken** (oben) untermauerte die einstige Stellung der Stadt. Dasselbe gilt für das älteste Viertel der Stadt, Lacledes Landing (unten). Hier entstieg 1764 der französische Trapper Pierre Laclede Liguest seinem Kanu und baute einen Handelsposten, aus dem sich St. Louis entwickeln sollte.

JAKE'S
JAKE'S

Ganz Amerika an einem Ort

Der Bundesstaat Missouri sei ganz Amerika an einem Ort, schrieb einmal der Herausgeber der lokalen Tageszeitung in St. Louis und führte danach lang und breit aus, mit welchen anderen Landstrichen dieser Bundesstaat zu welcher Jahreszeit vergleichbar wäre. In der Tat fühlt man sich in Missouri, je nachdem wo man gerade ist, immer an andere Ecken der USA erinnert.

Während die beiden Metropolen St. Louis und Kansas City umtriebige, moderne Großstädte sind, gibt es genügend verschlafene Ortschaften entlang der alten Route 66, die sich westlich von Springfield, der Hauptstadt von Missouri, immer wieder von der geschäftigen Autobahn I-44 entfernt. Orte mit ein paar sauberen, kleinen Häuschen an einer beschaulichen Main Street – wie die Ortschaft Villa Ridge, hier auf dem Bild.

Der Bahnübergang scheint an jene alten Zeiten zu erinnern, als die Eisenbahn das wichtigste Verkehrsmittel im Land war. Zum Glück machen sich die Güterzüge heute lautstark bemerkbar, schon Meilen vor dem Bahnübergang. Laut pfeifend schleppen meist mehrere Diesellokomotiven kilometerlange Güterzüge übers Land und rücken ins Bewusstsein, dass es einst die Eisenbahn war, die dieses grenzenlose Land erschlossen hat. Um 1850 war die Ostküste großteils mit Schienen vernetzt, anschließend wurde der Westen für erste Überlandlinien vermessen.

Die neuen Siedlungsräume im Westen und an der Pazifikküste erforderten sichere Verkehrsverbindungen, um mit der Zivilisation des Ostens in Verbindung zu bleiben. Als am 10. Mai 1869 die erste Transkontinentalverbindung mit dem symbolischen Zusammentreffen der Bautrupps von Union Pacific Railroad und Central (später Southern) Pacific Railroad bei Promontory im heutigen US-Bundesstaat Utah gefeiert wurde, war ein entscheidender Schritt in Richtung Besiedelung des Westens getan. Landvermesser, die der westwärts vorrückenden Eisenbahn folgten, teilten fortan das gesamte Land nach einem Rasterschema auf.

RAILROAD
CROSSING

Kansas – Ein Meer voller Gräser

»Great Plains« ist der übergeordnete Begriff für die weiten Grasebenen zwischen dem Mississippi-Tal und den Rocky Mountains. Aufgrund des ursprünglichen Bewuchses mit unterschiedlichsten Gräsern spricht man auch vom Grassland oder Grassland Prairies. Die ersten Siedler standen einerseits fasziniert, andererseits abgeschreckt vor diesem Meer voller Gräser, das alles andere als einheitlich ist, auch wenn es auf den ersten Blick so scheint.

◁ **Die Tallgrass Prairie**, die sich zwischen dem östlichen Dakota, Nebraska, Kansas und Oklahoma erstreckt, bildet den direkten Übergang zu den lichten Eichenwäldern im Osten im Umfeld der mächtigen Flüsse Mississippi, Missouri oder Ohio. Von den einst endlosen Tallgrass-Prärie-Flächen sind heute nurmehr rund vier Prozent ungestört vorhanden. In den Flint Hills im Südosten von Kansas hat sich eines der größten zusammenhängenden Gebiete – bevölkert von Wildpferden (unten) und Bisons – bis heute erhalten. Im Zentrum dominiert die Mixed-Grass-Prärie, heute durch intensiven Ackerbau stark verändert und in großen Teilen sogar zerstört. Hier fungieren Silos (oben) als die markanten »Kirchtürme«. Je weiter man nach Westen gelangt, umso höher liegt das Land und umso weniger Niederschläge gibt es. Zu Füßen der Rockies erstreckt sich deshalb die halbwüstenartige Shortgrass Prairie.

▷ **In den Great Plains** versuchen, vielerorts seit Jahrhunderten, die Menschen im Einklang mit der Natur zu leben. Denn trotz aller Bemühungen lässt sich die Natur weder von Landwirtschaft, Cowboys noch Zäunen (oben und unten) dauerhaft untertan machen. Die Siedler in der Prärie haben dies inzwischen erkannt – und Demut und Gelassenheit sind zwei ihrer Hauptcharakterzüge. Gene Shepherd (Mitte) ist ein solcher Einheimischer, der sich darauf verlegt hat, aus Gräsern kunstvolle Körbe zu fertigen und zu verkaufen.

Oklahoma – Unterwegs in die unendliche Weite

Nur noch vergleichsweise wenige Reisende nutzen heute die wenigen verbliebenen, kurvenreichen Abschnitte der historischen Route 66, um dem Sonnenuntergang entgegenzufahren. Die meisten wählen schnurgerade Autobahnen wie die I-40 zwischen Oklahoma und Kalifornien als schnellere Verbindung. Doch selbst diese modern ausgebaute Autobahn übt einen gewissen Reiz aus, wenn die letzten Sonnenstrahlen das Asphaltband in goldenes Licht tauchen.

Die Strecke mag optisch einer Rennbahn gleichen, doch Vorsicht ist geboten: Rasen ist in den Bundesstaaten des Mittleren Westens wie in Oklahoma nicht nur verpönt, sondern es wird zugleich streng überwacht. Wer die vorgeschriebenen 110 Stundenkilometer überschreitet und erwischt wird, muss sich auf eine deftige Strafe einstellen. Auf diese Weise fließt der Verkehr angenehm ruhig dahin, und so gestaltet sich die Fahrt durch Staaten wie Oklahoma oder Texas als geruhsame Reise in die unendlichen Weiten des Westens. Spätestens jetzt geht einem der legendäre Song der Route 66 nicht mehr aus dem Sinn: »If you ever plan to motor west, travel my way, take the highway that is best. Get your kicks on route sixty-six. It winds from Chicago to L. A., more than two thousand miles all the way. Get your kicks on route sixty-six. Now you go through Saint Looey – Joplin, Missouri – and Oklahoma City is mighty pretty ...« Und ehe man sich versieht, rückt auch schon die Hauptstadt des Bundesstaats Oklahoma, Oklahoma City, immer näher. Sie ist eine wenig bekannte, interessante Mischung aus moderner Metropole mit Wolkenkratzern und Verwaltungsbauten einerseits und alter Westernstadt mit einer der größten Viehauktionen weltweit andererseits.

Oklahoma – Das Land der »Roten Menschen«

»Okla homma«, »Rote Menschen«, nannten einst die Choctaw-Indianer die Urbevölkerung Nordamerikas und gaben damit dem 46. Bundesstaat, 1907 in die Union aufgenommen, seinen Namen. Immerhin sind noch heute etwa acht Prozent der Bevölkerung Indianer, überwiegend Cherokee, Chickasaw, Choctaw, Muskogee (Creek) und Seminole. Zu den insgesamt etwa 50 Völkern gehören auch so berühmt-berüchtigte Stämme wie Comanche, Apache, Cheyenne, Kiowa, Seneca, Delaware, Ponca oder Pawnee. Dass Oklahoma zum Rückzugsgebiet für so viele indianische Nationen wurde, geht darauf zurück, dass zu Beginn des 19. Jahrhunderts Präsident Thomas Jefferson weite Teile westlich des Mississippi den Ureinwohnern als Rückzugsgebiet zugestehen wollte. Friedlich verliefen diese Umsiedlungsaktionen allerdings selten. Legendär wurde beispielsweise der »Trail of Tears«, mit dem ab 1831 die sogenannten »Fünf zivilisierten Stämme« – Cherokee, Chickasaw, Choctaw, Muskogee (Creek) und Seminole – gewaltsam aus dem Südosten vertrieben wurden und viele Menschen auf dem Weg nach Westen umkamen.

◁ **Angesichts dessen** ist es nur ein kleiner Trost, dass eine Statue vor dem State Capitol (oben) oder das Monument im sehenswerten National Cowboy & Western Heritage Museum (unten) in Oklahoma City an das Schicksal der Ureinwohner erinnert. Dass man auch in Oklahoma reich werden konnte, zeigt hingegen die Overholster Mansion in Oklahoma City, die sich der Geschäftsmann Henry Overholster 1903 errichten ließ (Mitte).

▷ **Viele Menschen** suchten Wohlstand weiter im Westen, und entlang der Route 66 finden sich davon Spuren: Sehenswerte Art-déco-Bauten in der Ölmetropole Tulsa erinnern beispielsweise an jene Zeiten (oben). Auch das informative Route 66 Museum in der kleinen Ortschaft Clinton, westlich von Oklahoma City, direkt an der alten Überlandstraße (und an der modernen I-40) gelegen, gibt tiefere Einblicke (unten) in Geschichte und Menschen entlang der Mother Road.

MAZZIO'S PIZZA
664-4444

66
DRIVE-IN
SEE YA' LATER ALLIGATOR
Closed for Winter

Oklahoma und Texas – Rinder und Pferde

▷**Tulsa, östlich** von Oklahoma City gelegen, mag zwar etwas im Schatten der Hauptstadt von Oklahoma stehen, doch hat die alte Ölmetropole Besuchern viel zu bieten: sehenswerte Museen und eine einmalige Konzentration von Art-déco-Architektur im Stadtzentrum. Außer Art-déco-Bauten gibt es andere bemerkenswerte Gebäude wie den Prayer Tower (Bild) auf dem Campus der protestantischen Oral Roberts University von 1967.

◁**In Tulsa investierten** im frühen 20. Jahrhundert durch Ölfunde reich gewordene Geschäftsleute wie E. W. Marlan oder Frank Phillips und machten so den Ort an der Route 66 bekannt. Klassiker wie der »Blue Whale« bei Catoosa (unten) erinnern noch heute an die legendäre Straße. Trotz der Bedeutung des Öls sind weite Teile Oklahomas und des benachbarten Nordwestens von Texas auch heute das Land der Rinder und Pferde. Cowboys wie J. R. Coody auf der V8 Ranch nahe Lubbock/Texas (oben) sind durchaus kein seltenes Bild. Nur scheinbar beschaulich geht es in den Oklahoma National Stockyards im Südwesten von Oklahoma City zu (Mitte). Seit 1910 werden hier Rinder verkauft, und bis 1961 gehörten ein Schlachthof und eine Fleischfabrik zu »Stockyards City«, wo es täglich rund ging. Heute werden nur noch zweimal wöchentlich – montags und dienstags – Kälber und Mastvieh verkauft – bis zu 10 000 Stück täglich! Die Oklahoma Stockyards gelten damit als weltgrößter Umschlagplatz für Fleischrinder und anders als zum Beispiel in Fort Worth/Texas, wo alles per Video-Auktion läuft, stehen hier tatsächlich noch Rinder, die am Vorabend hergebracht worden sind und von Cowboys und -girls zu Pferd erst ins Auktionshaus, dann zum Abtransport zu den Trucks gebracht werden. Nach getaner Arbeit finden sich Käufer und Verkäufer, Cowboys und Rancher im nahen Cattlemen's Café and Steakhouse ein – eine Institution, die längst weit über die Stadtgrenzen hinaus bekannt ist.

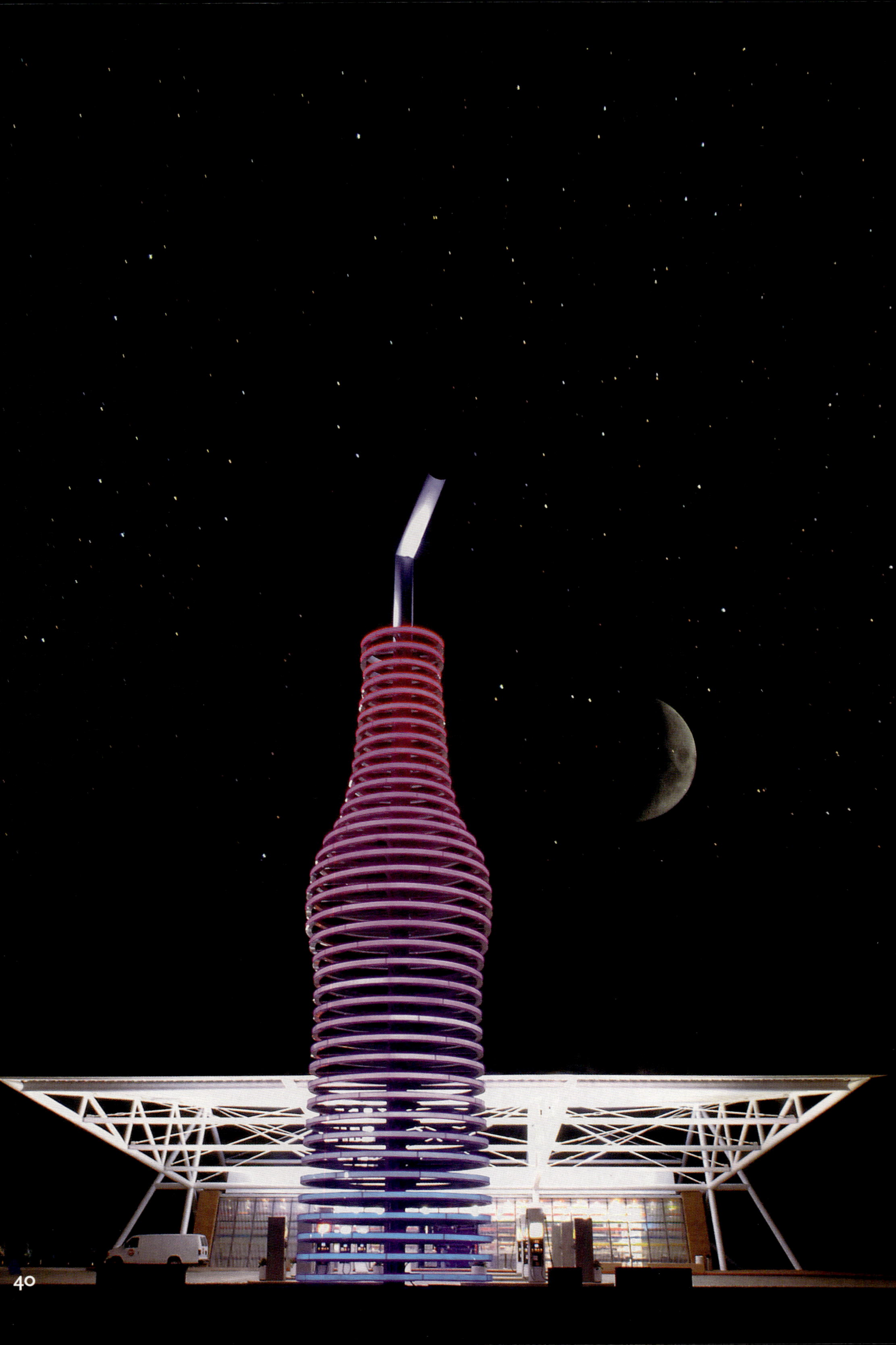

Hier lebt die Route 66 noch

Obwohl neue Autobahnen die legendäre Route 66 abgelöst haben, finden sich gerade in Oklahoma noch etliche beschauliche Abschnitte der alten Straße, denen Motorradfahrer und Fans aus aller Welt mit Begeisterung folgen. Gerade in Oklahoma stößt man überall auf Berührungspunkte mit der Route 66: Cyrus Steven Avery, einer der Mitbegründer der Route 66, stammte aus Tusla/Oklahoma, und die noch heute überall anzutreffende Benzinmarke ConocoPhillips geht auf zwei legendäre Firmen zurück, die in Oklahoma ihren Ursprung hatten und deren Benzin schon zahlreiche Route-66-Reisende tankten. John Steinbecks Roman »Früchte des Zorns«, in dem erstmals der Begriff »Mother Road« fällt, spielt ebenfalls hauptsächlich im Bundesstaat Oklahoma.

◁ Vorbei an der legendären Old Round Barn in Arcadia, einem Nest östlich von Oklahoma City, gibt es seit Kurzem an der alten Route 66 eine topmoderne Attraktion, die der alten Straße zu einem Facelifting verholfen hat: »POPS« (links) – umgangssprachlich für Softdrink oder Limo – ist eine architektonisch gelungene, moderne Mischung aus Tankstelle und Diner und zudem ein beliebter Treff der Biker an der Route 66. Die futuristisch anmutende Gas Station wird durch eine 20 Meter hohe, beleuchtete Limoflasche markiert.

▷ Noch ungewöhnlicher ist aber der zugehörige Diner, vor dem sich Harleys und andere edle Bikes aufreihen und der immer überfüllt ist. Viele kommen wegen der Super-Hamburger oder der Frühstückskarte, die meisten aber lockt die angebotene Getränkevielfalt: Es gibt keinen Alkohol, dafür kann man aber aus fast 600 Softdrinks aus aller Welt – root beers, cream sodas oder auch shakes –, sortiert nach Farben und Geschmäckern, auswählen und sie gleich zum Essen trinken oder als Sixpack mit nach Hause nehmen. Ein Geschäftsmann aus Oklahoma City mit Vorliebe für Limonaden hatte eine alte Tankstelle an gleicher Stelle gekauft und im Sommer 2007 diese ungewöhnliche neue Attraktion eröffnet.

Zeichen am Wegesrand

Oklahoma und die Nordwestecke von Texas, die sogenannten Panhandle Plains, zählen nicht unbedingt zu den Top-Reisezielen in den USA: New York, Neuengland, Florida, Kalifornien, der Südwesten, die Nationalparks im Nordwesten und neuerdings die Hauptstadt Washington stehen ganz oben in der Gunst der Reisenden. Doch Oklahoma und die texanischen Panhandle Plains, quasi mitten im Nirgendwo gelegen, bilden einen »stillen« Landstrich mit verborgenen Schätzen, der sich nicht anbiedert, weit und nur dünn besiedelt ist. Schon der erste europäische Reisende, der spanische Abenteurer Francisco Vásquez de Coronado (1510–1554), hatte um 1540 fasziniert notiert: »Wenn man sich hier auf den Rücken legt, verschwindet der Rest der Welt aus dem Gesichtskreis.«

◁ **Bis heute hat sich** kaum etwas am Bild geändert: Hier, mitten im »Heartland« scheint die Welt aus endloser Prärie und stillen Winkeln zu bestehen. Auch wenn der Fernverkehr auf der Autobahn I-40 wie bei der Ortschaft Groom in Texas (oben) vorbeirauscht, geht es bereits wenige Kilometer abseits der modernen Verkehrsader beschaulich zu. Hier, bei Hydro/Oklahoma (unten), wurde die alte Route 66 als historisches Denkmal unter Schutz gestellt und mit dem charakteristischen braunen Schild gekennzeichnet. Die alte »Historic Lucille Gas Station« in Hydro/Oklahoma (Mitte) begrüßt leider schon länger keine Kunden mehr.

▷ **Wie eine Kathedrale** aus längst vergangener Zeit wirkt in der Weite der Prärie diese Route 66 Tower Conoco Gas Station in Shamrock/Texas mit dem zugehörigen U Drop Inn Café. Das Art-déco-Kunstwerk von 1935 lässt moderne Tankstellen blass aussehen, wird heute allerdings zweckentfremdet und als Sitz des Tourismusamtes genutzt. Das gleiche Schicksal ereilte einen anderen Route-66-Klassiker, die Old Round Barn, eine große runde Scheune in Arcadia vor den Toren von Oklahoma City: Sie dient heute als Souvenirshop, Veranstaltungs- und Ausstellungsraum.

CONOCO
TOWER
CONOCO
TOWER
WESTERN MOTEL
RESTAURANT

New Mexico – Land der Verzauberung

»Der Westen ist ein Ort, den man gesehen haben muss, um ihn zu verstehen – und den man verstehen sollte, um ihn wirklich sehen zu können.« Der Schriftsteller N. Scott Momaday, ein Kiowa-Indianer, hat einmal mit diesen Worten die eigenwillige Faszination des Westens charakterisiert. Und worauf würde die Beschreibung besser passen als auf New Mexico, jenen Staat, der sich selbst als »Land der Verzauberung«, englisch »Land of Enchantment«, bezeichnet. Lange war dieser Landstrich vielen unbekannt, erst der Route 66 verdankt das »neue Mexiko« den Anschluss an den Rest der USA. Allerdings wollte man sich mental dann doch nicht so ganz anschließen, und so geht in New Mexico bis heute noch vieles einen anderen, eher gemächlichen Gang.
Das liegt auch daran, dass in New Mexico das indianische mit dem mexikanisch-spanischen Erbe über Jahrhunderte hinweg verschmolzen ist. Der sichtbarste Ausdruck ist die Architektur: Die verschachtelten Lehmbauten, die sogenannten Pueblos, denen auch die lokalen Indianer ihren Namen verdanken, verfolgen den Reisenden ebenso wie die spanische Sprache in New Mexico auf Schritt und Tritt.
Selbst Hotels, wie hier das Inn at Loretto in Santa Fe, sind im lokalen Baustil errichtet worden. 2008 renoviert und von lokalen Künstlern ausgestaltet, ist dieses Inn eine bewusste Reminiszenz an das alte Taos Pueblo, eines der berühmtesten historischen Indianerdörfer in New Mexico. Das Hotel liegt nicht nur im Herzen der Stadt, nahe dem alten Palace of the Governors und der zentralen Santa Fe Plaza, wo die Künstlergemeinde zu-sammentrifft, sondern auch am Ende des Old Santa Fe Trail. Diese einstige Handelsstraße zwischen St. Louis und New Mexico war im 18. Jahrhundert quasi ein Vorläufer der Route 66.

Paradies für Ballonfahrer

»Hier ist alles Farbe, alles Licht«, hat Georgia O'Keeffe (1887–1986) einmal über ihre Wahlheimat New Mexico gesagt. Wie viele andere Künstler war auch die im ländlichen Wisconsin geborene Malerin, die 1929 Santa Fe im Land der Pueblos zur neuen Heimat machte, vom Licht und der grandiosen Landschaft im Tal des Rio Grande fasziniert.

◁ Albuquerque ist die größte Stadt von New Mexico und hat sich im »Historic Old Town« ihren mexikanisch-spanisch-indianischen Charakter gut bewahrt. Albuquerque nennt sich aber auch stolz »Ballooning Capital of the World« (oben), vor allem wegen der International Balloon Fiesta, dem größten Event dieser Art, das jedes Jahr im Oktober stattfindet.

◁◁ Nicht nur Santa Fe gilt als Künstlerkommune, auch in vielen anderen, kleineren Ortschaften sind Künstler zu Hause und befinden sich Werkstätten und Kunstgalerien wie die »Old Pink School House Gallery« in Tres Piedras.

◁◁◁ Wohl weniger als Kunstwerk zu verstehen denn als Gag sind die an einer blauen Wand aufgehängten, von der Sonne New Mexicos gebleichten Stierschädel.

▷ Fast genauso ungewöhnlich wie vom Heißluftballon dürfte der Ausblick vom Sandia Peak sein. Die längste frei hängende Seilbahn der Welt transportiert Besucher 4,3 Kilometer weit über tiefe Schluchten und atemberaubendes Terrain hinauf auf den 3200 Meter hohen gleichnamigen Berggipfel nordöstlich Albuquerque. Von oben fällt der Blick auf bizarres, urtümliches Land, meist felsiges Wüstenareal, das von wenigen Flüssen wie dem Jemez Creek oder dem breiten Tal des Rio Grande durchzogen wird.

▷▷ Auf ihrem weiteren Weg nach Westen durchquert die Route 66 die Einöde der Halbwüste von New Mexico, deren prägender Landstrich »El Malpais«, das »schlechte Land«, heißt. Es handelt sich um ein wild zerklüftetes ehemaliges Lavagebiet mit Steinbögen, Schluchten und Felsformationen.

BARNEY

New Mexico – Indian Country

Zwischen Albuquerque, Sante Fe und Taos gehen die traditionsreiche Kultur der Pueblo-Indianer und jene der europäisch geprägten spanisch-mexikanischen und anglikanischen Zuwanderer seit jeher auf künstlerischer und kulinarischer Ebene eine fruchtbare Symbiose ein. Und diese ist es auch, die gerade diesem Teil des Südwestens eine ganz eigene Atmosphäre verleiht.

◁ Die Pueblo-Indianer gliedern sich in vier Sprachgruppen: Zuni, Keres, Tano und Hopi. Trotz sprachlicher Unterschiede und Autonomie der Dörfer herrscht sozial und kulturell starke Ähnlichkeit. Man betrachtet sich als große Familie, mit Sinn für Bodenständigkeit, tiefer Verwurzelung in Traditionen sowie Verbundenheit mit der Schöpfung. Gerade bei den zahlreichen Festen und Powwows, wie hier im Acoma Pueblo, kommt das zum Ausdruck. Die »Himmelsstadt« gilt als älteste, dauerhaft bewohnte Siedlung Nordamerikas. Hinter einer modernen Fassade haben sich die Pueblo-Indianer mit eigenen Traditionen und Gebräuchen beharrlich gegen alle weißen Eindringlinge behauptet.

▷ Während im Indian Pueblo Cultural Center in Albuquerque Besucher viel über die Pueblo-Indianer, ihre Geschichte, Traditionen und ihr Kunsthandwerk lernen, widmet sich das Museum of Fine Arts in Sante Fe (unten) neben den Ureinwohnern auch den zugewanderten Künstlern. Die Pueblo-Indianer sehen sich als Nachkommen der legendären Anasazi, deren eindrucksvolle Spuren sich beispielsweise im Pueblo Bonito im Chaco Culture National Historical Park finden. Doch auch das hispanische Element ist in der Region unverkennbar: Plazas, katholische Kirchen, mexikanische Küche oder der Adobe-Baustil (Mitte) erinnern an Spanier und Mexikaner – wohingegen der Einfluss der »Anglos« sich entlang der Route 66 zum Beispiel am Paradise Motel in Tucumcari (oben) zeigt.

Ein Land voller Geschichten

»Dieses Land und seine Menschen sind prall gefüllt mit Geschichten, mit traurigen, spannenden, aber auch lustigen«, meinte einmal Tony Hillerman, der 2008 verstorbene weltberühmte Schriftsteller aus Albuquerque. Wie kein anderer hat er in seinen Kriminalromanen mit den indianischen Hauptfiguren Joe Leaphorn und Jim Chee die Legenden und Mythen des Südwestens zu neuem Leben erweckt und sich zudem als intimer Kenner indianischer Riten, Bräuche und Lebensweise erwiesen. »Manchmal lasse ich mich einfach nur treiben, streune … herum, fühle die Landschaft und nehme ihre Gerüche auf«, erzählt Hillerman, »… und plötzlich ist da eine Felshöhle: Könnte da nicht jemand vor einem Regenguss Unterschlupf suchen und plötzlich etwas Aufregendes finden?«

◁ **Auf oft einsamer Fahrt** durch das »Indian Country« erinnert man sich immer wieder an Hillermans Beschreibungen und spürt, was Weite und Einsamkeit wirklich bedeuten.

▷ **Ein idealer Ort**, um nicht nur Geschichten und Legenden aufzuspüren, sondern auch die fruchtbare Symbiose der traditionsreichen Kultur der Pueblo-Indianer mit jener der spanisch-mexikanischen Zuwanderer (unten) auf sozialer, künstlerischer und kulinarischer Ebene kennenzulernen, ist die Ortschaft Taos. Taos ist zweiteilig: die moderne Stadt und das alte indianische Pueblo (oben), bestehend aus quadratischen, eng zusammengebauten und verschachtelten Lehmhäusern, deren einzelne Wohnungen oft nur über Leitern erreichbar sind. Es handelt sich um eine von insgesamt 19 erhaltenen Siedlungen der Pueblo-Indianer, die sich über das Rio-Grande-Tal und westlich davon verteilen. Diese Dörfer sind nur unter strengen Regeln und zu bestimmten Zeiten zu besichtigen. Der Name »Pueblo« stammt von den Spaniern, welche die seit Jahrhunderten hier lebenden Ureinwohner nach ihren Behausungen benannten.

Zauber eines Rastplatzes

Während der Blütezeit der Route 66, zwischen 1930 und 1960, fuhren unzählige Menschen über die legendäre Überlandstraße der untergehenden Sonne entgegen Richtung Westen. Da die wenigsten jedoch die Reise ins »Gelobte Land«, nach Kalifornien, in einem Stück zurücklegten und sowohl Hunger und Durst als auch Benzinknappheit und Müdigkeit zu Zwischenstopps zwangen, befanden und befinden sich entlang der Route neben Tankstellen auch unzählige Diners und Motels, die bis heute Reisenden als Ruheoasen und Treffpunkte dienen.

Sie waren an strategisch günstigen Etappenzielen eingerichtet worden, wobei sich deren Bemessung nach durchschnittlicher Tankfüllung beziehungsweise nach der an einem Tag im Allgemeinen zurückgelegten Distanz orientierte. Vergleichbar mit den früheren Pferdewechselstationen entlang der Postkutschenrouten oder den Bahnhöfen mit Wasserreservoirs für die Dampfloks gab es daher auch an der Route 66 in regelmäßigen Abständen Tankstellen, Lokale und Unterkünfte.

Heute ist der Verkehr auf den noch existierenden Teilen der Route 66 moderat, und es sind vor allem Touristen, die mit Begeisterung die alte Überlandstraße befahren. Doch gerade sie genießen die renovierten alten Motels und Diners und haben dazu beigetragen, dass solch alte Wahrzeichen wie das Shawford Motel oder Lokale wie das Route 66 Restaurant in der kleinen Ortschaft Santa Rosa im Osten von New Mexico die Zeiten überdauert haben.

MOT
MOTEL
Shawford
AMERICAN
OWNED &
OPERATED
ROOMS
COMFORTABLE
BARGAIN
STARTING AT
28 95
PLUS TAX
SENIOR DISCOUNT
CABLE TV

RANCH HOUSE
CAFE
MEXICAN FOOD
Tristar Inn
CHEVROLET APACHE
36
U Toucha My Truck
I BREAKA U FACE!

New Mexico – Der Zahn der Zeit nagt

Es gibt Rastplätze entlang der Route 66, die die Auflösung der historischen Straße überlebt haben und heute Besuchern einen Eindruck vermitteln, wie es einst an der geschäftigen Überlandroute zugegangen ist. Seit die alte Straße streckenweise unter Denkmalschutz gestellt worden ist, erleben nicht nur frühere Haltepunkte und Attraktionen eine Renaissance, es werden auch neue Etablissements im Retrolook eröffnet.

◁ **Ein ideales Beispiel** für einen legendären alten Stopp an der Route 66 ist die Ortschaft Tucumcari im Osten von New Mexico. Dort haben zwar die Jahrzehnte enorm an der Substanz gezehrt – wie an diesem still vor sich hin rostenden alten Pick-up-Truck und dem dahinter kaum mehr lesbaren Reklameschild für das längst geschlossene Ranch House Café zu erkennen ist. Andererseits haben sich nur wenige Schritte entfernt, an der alten Hauptstraße durch den Ort, die dem alten Verlauf der Route 66 entspricht, alte Motels und Diners aus der Blütezeit erhalten und sich dem nagenden Zahn der Zeit widersetzt.

▷ **Im alten Del's Restaurant** (oben) werden beispielsweise noch immer saftige Steaks und leckere mexikanische Spezialitäten wie Enchiladas oder Quesadillas serviert. Der Sonic Drive-In in Albuquerque (unten) versetzt einen ebenfalls in die 1950er-Jahre zurück, obwohl er damals noch gar nicht hier stand. Die Imbisskette war 1945 in Oklahoma gegründet worden und vermarktet sich bis heute als »typischer Diner« der Fünfziger. Man bestellt per Intercomsystem seinen Hot Dog, Burger oder Milkshake und bekommt ihn von einer adrett gekleideten Dame wie zu alten Zeiten im Auto serviert. Wer damals auf der Route 66 unterwegs war, hatte anscheinend wenig Zeit – weniger als heutige Touristen, die jedoch den altertümlichen Service ebenfalls zu schätzen wissen.

Lichter, Zeichen und Flitzer

Sehen und gesehen werden – das galt und gilt auch entlang der Route 66. Wer auffällt durch besonders helle Beleuchtung, auffällige Formen, schrille Farben oder markante Werbung, wird von einem sich nähernden Reisenden schneller und besser erkannt. Nicht nur ein schlagkräftiger Name war und ist hilfreich, auch ein bunt erleuchtetes Reklameschild zog und zieht Aufmerksamkeit auf sich.

◁ **In Tucumcari** kann man diesbezüglich gleich mit mehreren Beispielen aufwarten: So wirbt das Palomino Motel mit einem weißen Pferdekopf (oben), während die blaue Schwalbe des Blue Swallow Motel (Mitte) speziell bei Dunkelheit unübersehbar ist. Auch Route-66-Passagiere legten und legen Wert auf ihr Outfit: Philip Powers (Mitte) ist stolz auf seinen aufgemotzten »Hot Rod«. Im Vergleich dazu erinnern moderne Wohnwagen (unten) eher an rollende Schuhschachteln. Dafür bieten sie aber im Inneren allen erdenklichen modernen Komfort. Kein Wunder, dass viele Rentner in Nordamerika sich derartige RVs (Recreational Vehicles) kaufen und monatelang durchs Land reisen. Wenn nämlich im Norden die kalten Winter anbrechen, ziehen die Pensionisten wie die Zugvögel Richtung Süden. Diese »Snowbirds« wissen den gemächlichen Verkehr auf der Route 66 besonders zu schätzen.

▷ **Wie aus dem Film**: Vor dem Route 66 Diner in Albuquerque (oben) parkt »stilecht« ein Pink Cadillac aus dem Jahr 1962. Sein Design nimmt sogar die stromlinienförmige Fassade der Architektur auf und passt zugleich farblich dazu. Freunde der indianischen Welt werden hingegen kaum das Werbeschild des Apache Motels (unten links) ignorieren können.
In Lokalen wie diesem geht es unkompliziert zu – und man fühlt sich auch als Fremder stets willkommen (unten rechts).

APACHE
MOTEL
NEW MANAGEMENT
2995&UP
LUV EACH DAY
VACANCY

05254
10-280T

Den Wind um die Nase wehen lassen

Es ist dieses tiefe rhythmische Tuckern, das jeder Motorradfan sofort erkennt: Das kann doch nur eine Harley-Davidson sein! Schließlich ist wohl der Traum eines jeden Bikers, einmal auf einer der schweren Maschinen der 1903 in Milwaukee/Wisconsin gegründeten legendären Firma über eine einsame Landstraße dahinzugleiten in die Weiten des Westens und sich den Fahrtwind um die Nase wehen zu lassen.

Eine der beliebtesten Strecken ist die Route 66, und es besteht glücklicherweise schon zu Hause in Deutschland die Möglichkeit, ein Motorrad zu buchen und sich damit einen lange gehegten Traum zu erfüllen. Auch wenn der Verkehr, je weiter man in den Westen vorstößt, dünner wird und man die Fahrt in vollen Zügen genießen kann, ist man eigentlich nie allein. Immer trifft man auf Gesinnungsgenossen, auf andere Biker, und kann sich mit ihnen austauschen (rechts oben, links oben, links unten).

Abgesehen von den schweren Maschinen gehören liebevoll restaurierte »Classic Cars« zu den Fahrzeugen, denen man in regelmäßigen Abständen auf der Route 66 begegnet (links oben, rechts Mitte). Mit Stolz schaukeln die Besitzer in ihren »old boats« gemächlichen Tempos über die alte Ashpaltstraße, und in vielen Orten an der alten Route finden regelmäßig Oldtimer-Treffen statt. Dann kann man sich als Besucher nur wundern, wie viele alte Straßenkreuzer die Zeiten überlebt haben und mit welcher Liebe die Besitzer ihre alten Gefährte renovieren und pflegen ...

Arizona – Grenzenloser Horizont

Die Weite des Südwestens in vollen Zügen aufnehmen – wie hier auf der alten Route 66 bei Oatman/Arizona – ist ein besonderes Erlebnis. Natur pur, endloser Himmel, bizarre Wolkenbilder und kaum Zivilisation vermitteln einem beengt lebenden Europäer fast das Gefühl, im Paradies angelangt zu sein. Gerade der Südwest-Bundesstaat Arizona gilt als Land der endlosen Horizonte, doch es ist auch eine Region der Canyons und Täler, Hoodoos (Felsnadeln) und Felsbögen, durchsetzt von üppigem Grün und Wäldern, die Schutz vor der Sonne bieten.
Dazu kommen die ausgedehnten Wüstenlandschaften mit ihrer ganz spezifischen Flora und Fauna, und speziell diese Landschaft ist es, die Besucher spontan mit Arizona in Verbindung bringen: mächtige Kakteen, endlose Wüsten und am Horizont dunstflimmernde Berge.
Daneben verleiht die unmittelbare Nachbarschaft zu Mexiko der Region kulturell ein fast exotisches Flair. Besonders in Süd-Arizona und Süd-New-Mexico verschmelzen mexikanisch-spanische Elemente mit den spezifischen Charakteristika der Ureinwohner und der zugereisten Anglos. In Ortschaften wie Tombstone oder Silver City scheint der Wilde Westen noch präsent, während sich Tucson, das städtische Zentrum im Grenzland und zugleich eine bedeutende Universitätsstadt, einerseits mexikanisch und andererseits modern amerikanisch präsentiert. Phoenix ist mit seinen fast drei Millionen Einwohnern die Metropole des Südwestens schlechthin – eine grüne Oase in der Wüste.
Die alte Route 66 querte einst den Nordteil des Bundesstaates auf malerischer Strecke, über Flagstaff. Es sind hier größere originale Teile der Straße erhalten und unter Denkmalschutz gestellt.
Von Flagstaff aus bietet sich unbedingt ein Abstecher zum legendären Grand Canyon an, einem der faszinierendsten Naturwunder dieser Erde.

Ein spektakuläres Naturschauspiel

Steht man zum ersten Mal am Rande des Grand Canyon, hält man den Atem an: Welch kleiner Wurm ist der Mensch doch angesichts solch grandioser Landschaft! Das Ungewöhnliche ist, dass man nicht zu einer monumentalen Berglandschaft aufblickt, sondern umgekehrt: Man schaut von oben, auf einer Ebene stehend, hinab in eine etwa 1600 Meter tiefe Schlucht. »Kaibab« – »mountain lying down« oder »umgekehrter Berg« – nannten die hier lebenden Paiute-Indianer, an die Ruinen wie der Watch Tower am Desert View am Südrand des Grand Canyon erinnern, die mächtige Schlucht des Colorado River. Wie ein aufgeschlagenes Buch der Erdgeschichte wirkt die klar erkennbare Schichtenfolge in der Canyonwand, die rund 1600 Meter tief bis zum Fluss hinabreicht. Der Colorado River hat sich im Laufe der Zeit immer tiefer in die Hochebene hineingefressen. Die oberen Schichten zum Beispiel, aus Kaibab- und Toroweap-Kalkstein, entstanden beim Austrocknen urzeitlicher Meere, während die unteren Sandsteinschichten auf eine noch ältere Wüste zurückgehen, die vor Jahrmillionen mehr als 50 000 Quadratkilometer des Südwestens bedeckte.
Der Erforscher des Grand Canyon, John Wesley Powell (1834–1902), ein naturbegeisterter Geologie-Professor, ließ sich trotz des Verlustes seines linken Arms im Bürgerkrieg nicht von zwei naturkundlichen Expeditionen 1869 und 1871 abhalten. Seine Crew erlebte auf ihren Booten noch einen ungezähmten Colorado River, heute ist der Fluss hingegen durch zwei große Stauseen gebändigt: Flussaufwärts, bei Page (Arizona), liegt der Lake Powell, durch den Glen Canyon Dam aufgestaut, und flussabwärts erzeugt der Hoover Dam südlich von Las Vegas (Nevada) den Lake Mead.

Wüstenlandschaft Arizona

Auch in Arizona sind noch etliche Abschnitte der alten Route 66 erhalten.

◁ Vertrocknete Salzlandschaften, »Badlands« genannt, sind in Arizona zu finden (unten), doch noch einprägsamer sind die roten, schroffen Felslandschaften (oben). Hier muss man schon genau hinsehen, um zwischen den kargen, roten Felsen Reste vorgeschichtlicher Siedlungen zu entdecken. Man kann sich kaum vorstellen, dass sich im 12. Jahrhundert in dieser kargen Vulkan- und Wüstenlandschaft um das Wupatki National Monument blühende, fruchtbare Landschaft erstreckte und ringsum zahlreiche indianische Siedlungen existierten. Nur die Ruinen dieser Pueblos, die bis zu 100 einzelne, verschachtelte Wohnungen aufweisen, belegen, dass sich hier einmal ein »Garten Eden« befunden haben muss.

▷ Besonders der Streckenabschnitt zwischen Seligman und Kingman, im Nordwesten des Bundesstaates, gehört zu den absoluten Highlights. Hier beschreibt die alte Überlandstraße einen großen Bogen durch die Wüstenlandschaft und lässt die geschäftige und von mächtigen Trucks (oben) dicht bevölkerte Autobahn weit hinter sich. Die Route 66 folgt nämlich nicht der modernen Straße, sondern hält sich stattdessen an die Trasse der Eisenbahn.
Manches Verkehrsschild (Mitte) und manche alte Rostlaube (unten) sind in der endlosen Einöde bereits dem Zahn der Zeit zum Opfer gefallen, andererseits haben viele Route-66-Klassiker in Arizona alle Stürme überlebt und locken bis heute Reisende an. Das eigentliche Highlight an der Straße ist jedoch die Landschaft.
Im östlichen Arizona durchquert man beispielsweise ein ungewöhnliches Naturdenkmal: den Petrified Forest National Park. In grauer Vorzeit waren hier tote Baumriesen in einem Sumpf versunken, wurden luftdicht abgeschlossen und versteinerten. Erst nach dem Austrocknen des Sumpfes gelangten sie wieder an die Oberfläche.

Willkommen im Indianerland!

Indianische Spuren verfolgen einen hier auf Schritt und Tritt. Auch entlang der Route 66 glaubt man seinen Augen nicht zu trauen. Obwohl die Indianer des Südwestens das Tipi als Behausung gar nicht kannten, bietet das Wigwam Motel in Holbrook (rechts unten) Reisenden solche typisch indianischen Unterkunftsmöglichkeiten. Eigentlich lebten die lokalen Navajo-Indianer traditionell in runden Erdhütten, sogenannten Hogans (links unten).

Über 200 000 Navajo-Indianer siedeln noch heute in Teilen ihrer angestammten Heimat und sehen sich als größte und wichtigste Gruppe der nordamerikanischen Indianer, als »Nation in der Nation«. Das heutige Reservatsgebiet – Navajoland genannt – erstreckt sich auf knapp 70 000 Quadratkilometern in der Four Corners Region, im Grenzgebiet der Bundesstaaten New Mexico, Arizona, Utah und Colorado, und bildet den Kern des sogenannten Indian Country. Die Navajo bilden die größte Indianergruppe, doch in dieser Ecke des Südwestens leben zahlreiche weitere indianische Völker, beispielsweise mitten im Navajoland, auf schwer zugänglichen Tafelbergen (Mesas), die Hopi. Im benachbarten New Mexico sind es dagegen die Pueblo-Indianer und im nördlichen Teil des Indian Country sowohl Ute und Paiute als auch eine Gruppe der legendären Apache, die Jicarilla.

In Souvenirläden wie dem Meteor City Gift Shop (rechts oben) findet man indianische Souvenirs, meist in Form von mehr oder weniger authentischem Kunsthandwerk. Auf qualitätvolle, echte Ware verstehen sich besonders die Navajo-Indianer. Herausragend unter ihrem Kunsthandwerk ist Schmuck aus Silber und Türkis, den die Indianer selbst mit Stolz tragen (links Mitte). In Diné Bikéyah, wie die Diné oder Navajo-Indianer ihr Land nennen, achtet man auf Tradition und Kultur. Kennzeichnend ist der respektvolle Umgang mit der Natur und ein besonderer Stolz auf das Kulturerbe, wie während Powwows oder anderen Veranstaltungen demonstriert wird.

METEOR CITY

UNLEADED
TWIN
ARROWS

Rätselhafte Zeichen

Auf der Fahrt Richtung Westen passiert man östlich der Kleinstadt Flagstaff rätselhafte Hinterlassenschaften. Es hat den Anschein, als hätte ein außerirdischer Indianerhäuptling blitzschnell hintereinander zwei Pfeile auf die Erde abgeschossen: Zwei gelbrote Metallpfeile ragen mehrere Meter neben der Straße schräg in den Himmel.

Wer vor einigen Jahren hier vorbeikam, konnte noch feststellen, dass diesem Kunstwerk das gleiche Schicksal drohte wie vielen anderen alten Route-66-Klassikern, die abseits liegen. Sie verfallen und werden vom Zahn der Zeit angenagt. Hier allerdings nahmen sich Freunde der Route 66 und die in der Nähe lebenden Hopi-Indianer des alten Klassikers an und renovierten die legendären »Twin Arrows«. Jetzt planen die Hopi-Indianer sogar, auch noch die einst zugehörige Tankstelle mit Trading Post zu renovieren und damit vor dem Verfall zu bewahren.

Die beiden Pfeile sind nicht nur eine Art Popart-Ikone, sondern verkörpern vor allem zwei ganz unterschiedliche Welten. Während die Indianer die gigantischen Pfeile als Symbol ihres Stammes sehen, sind sie für Route-66-Fans Zeichen der Blütezeit und der bewegten Geschichte der alten Überlandstraße. Dass gemeinsam den beiden Pfeilen wieder Leben eingehaucht worden ist, kann als gutes Zeichen von beiden Seiten gesehen werden.

Arizona – Pause für Leib und Seele

◁ **Diners und Lokale** (oben und Mitte) waren und sind Orte der Kommunikation, nicht nur der Nahrungsaufnahme. Die Preise sind im Allgemeinen moderat, der Service ist mehr oder weniger schnell, die Leute sind redselig oder eher verschlossen. Jeder Diner für sich ist auf alle Fälle eine willkommene Abwechslung und ein Erlebnis. Allgemein gilt, ist der Parkplatz vor einem Imbiss oder Lokal gut gefüllt, kann man sich sicher sein, dass innen gut für das leibliche Wohl gesorgt wird und lokale Spezialitäten – meist Hausmacherkost in großen Portionen – angeboten werden. Essen also, für das sogar mancher Einheimische kilometerweit fährt. Der eine oder andere verbindet einen solchen Ausflug vielleicht mit einem lange fälligen Besuch beim Friseur, wie in jenem antiquiert wirkenden Salon von Angel Delgadillo, direkt an der Route 66 in Seligman (unten). »Back to the good old times« heißt hier die Parole – an der Route 66 hat man eben noch viel Zeit ...

▷ **Nach tagelanger Fahrt** durch den einsamen, dünn besiedelten Westen ist man gelegentlich froh um Ansprache, hat Heißhunger auf einen Hamburger und ist dankbar für eine Tankstelle (oben). Die vielen verrosteten Autos entlang der Strecke ließen nämlich fast schon ein mulmiges Gefühl aufkommen: Wie viele Reisende mussten ihren Weg früher wohl zu Fuß fortsetzen, als plötzlich der Motor streikte oder der Tank leer war? Oder weil die richtigen Straßenschilder fehlten und man die falsche Richtung einschlug (unten)?

MARTEN
FOR SALE

HISTORIC
66

WRONG
WAY

Nevada – Welcome to Las Vegas

Auch wenn Las Vegas nicht an der Route 66 liegt, sollte man sich einen Abstecher in die Glitzerstadt in der Wüste nicht entgehen lassen. Ringsum karge Wüste und unerbittlich herabbrennende Sonne – und dann plötzlich Palmen, Wiesen, kleine Seen, plätschernde Brunnen, angenehme Kühle und bunte Blütenpracht. Ist das da nicht der Eiffelturm, dort eine venezianische Gondel und drüben die Skyline von Manhattan? Nein, es handelt sich um keine Fata Morgana, sondern um Las Vegas, die scheinbar vom Mond gefallene Glitzerstadt mitten in der Wüstenlandschaft Nevadas. Ob man diese Kunstwelt mit ihren Hollywood-Kulissen, Shows und Achterbahnen, Spielhöllen und Megahotels mag oder nicht – eines ist sicher: Man muss sie gesehen haben!

Im frühen 19. Jahrhundert als Rast- und Handelsstation an einer Wasserstelle entstanden, fungierte die Legalisierung des Glücksspiels in Nevada in den 1930er-Jahren für Las Vegas als Katalysator für den Tourismus. Hier, »auf den Wiesen«, wie die Mexikaner den Ort einst nannten, eröffneten 1941 die ersten Casinos, doch richtig los ging es erst in den 1950ern, als mit dem Sahara, Riviera, Tropicana und Stardust die ersten Resorthotels mit Casinos erbaut wurden. Im Stardust wurde erstmals auch eine Show angeboten – heute Usus. In den 1960er-Jahren gaben die Slot Machines – die »einarmigen Banditen« – ihr Debüt, es folgten im nächsten Jahrzehnt Videospielautomaten, und mehr und mehr ersetzte die Kreditkarte das Bargeld. Marksteine in der Entwicklung war 1966 die Eröffnung von Caesar's Palace, wenig später folgten Circus-Circus und MGM, und danach überschlugen sich die Entwicklungen: über Mirage (1989), Bellagio (1998), Paris Las Vegas (1999), Mandalay Bay (2000) bis hin zu Wynn Las Vegas (2005). Dann schlug die Wirtschaftskrise zu, aber allmählich scheint es hier wieder aufwärtszugehen.

OME
lous
EGAS
D A
TOURS
Las Vegas
TOURIST BUREAU
VACANCY
CASINO
Klondike
CASINO
KLONDIKE HOTEL
ENTRANCE
PARKING
GRAND CANYON

CANALETTO
Gandini

Viva Las Vegas!

Längst steht »Vegas« für eine breite Palette an Entertainment, denn Spielhallen allein genügen Besuchern längst nicht mehr. Man widmete sich der Zielgruppe Familie und bietet Vergnügungsparks, Achterbahnen und Spas, Wellnesseinrichtungen und Shopping-Promenaden. Dazu kommen spektakuläre Shows, Gourmetrestaurants und Bierhallen, ungewöhnliche Nightclubs und Discos, die untrennbar mit hochluxuriösen Mehrsterne-Hotels verbunden sind. Ganz nebenbei wird man auch immer noch dem Ruf als »Marriage Capital of the World« mit gut 40 Wedding Chapels und über 200 ausgestellten Hochzeitsurkunden pro Tag gerecht. Ein paar Dollar in bar für eine Marriage Licence, ein Reisepass und ein Trauzeuge, den man auch mieten kann, genügen!

Von Venedig in den Orient, vom Römischen Reich in den Zirkus, von Monte Carlo nach Paris, von New York nach Hollywood, vom Hofbräuhaus in den Sapphire Gentlemen's Club – eine Reise durch Zeiten und Welten ist in Las Vegas mühelos an einem einzigen Abend möglich. Downtown Las Vegas mit der neonbeleuchteten Fremont Street (rechts unten) wirkt mit Straßenkünstlern und Souvenirshops, Restaurants und Casino-Hotels – wie Golden Nugget, Fitzgeralds, Fremont oder Lady Luck – sowie mit dem weltberühmt gewordenen Neon-Cowboy heute gegenüber dem moderneren Strip fast schon altmodisch und bescheiden.

Am Haupt-Boulevard der Vergnügungsmetropolis reihen sich nämlich die wirklich monströsen, luxuriösen und ausgefallenen Casino-Hotels auf, und es wurden sogar ganze Städtenachbauten aus dem Boden gestampft. Zu Anfang strebt der Stratosphere Tower als höchster freistehender Aussichtsturm der USA dem Himmel entgegen (links oben), es folgen Komplexe wie das Venetian (rechts Mitte) mit dem Nachbau des Canal Grande (links unten), und es kamen Museen wie das nach dem großen Entertainer benannte Liberace Museum (rechts oben) hinzu.

Nevada – Moderne Zeichen in der Wüste

Einst, als sich die ersten Abenteurer und Siedler auf den weiten, beschwerlichen und gefährlichen Weg vom Osten ins »Gelobte Land« an der Pazifikküste machten, vertrauten sie auf unübersehbare natürliche Merkmale wie Felsen, Flussläufe oder Canyons, an denen man sich orientieren konnte und anhand derer man den richtigen Weg fand. Später, als die Eisenbahn Reisende in den Westen transportierte, war das Wissen um derartige markante Punkte nicht mehr nötig, führten doch die Schienenstränge unweigerlich ans Ziel.
Im Zeitalter des Automobils wurden dann Wegweiser bedeutsam, dazu kamen Hinweisschilder, die anzeigten, wo man sich ausruhen, essen oder seinen Tank füllen kann. Die Bandbreite der modernen »Zeichen in der Wüste« ist dabei scheinbar endlos.

◁ Die Besitzer des Truck Inn, irgendwo in der Weite von Nevada, hatten beispielsweise die geniale Idee, einen ganzen LKW zum werbewirksamen Firmenschild umzufunktionieren (oben). Etwas »gewöhnlicher« wirbt dagegen das Holiday Motel in Las Vegas (unten) – erst bei Nacht blinkt es unübersehbar Zeichen gen Himmel.

▷ Während Hinweisschilder auf Autobahnraststätten und Tankstellen an sich eher zweckmäßig und einfallslos wirken – lebt dieses (oben) von seinem Kontrast zur Landschaft. So manches verschlafene Nest entlang der Überlandstraßen versucht dagegen mit ausgefalleneren Mitteln die Aufmerksamkeit auf sich zu lenken: »Howdy, Welcome«, scheint unten ein freundlicher Cowboy zu grüßen. Wie sich die Zeiten ändern: Begegnete einem einst im Wilden Westen ein solcher Typ, konnte man nicht sicher sein, ob dieser nicht »Stopp!« und »Hands up!« rief und die Habseligkeiten plötzlich weg waren. Heute bittet er höflich den Besucher, seine Dollars doch in einem der Lokale oder Läden zu lassen ...

Love's
3.36 9/10
DIESEL CASH
3. 13 9/10
UNLEADED
Arby's
Gold Bar
SLOT CASINO

"Wendover Will"
Welcomes You To
WEST WENDOVER
NEVADA

Kalifornien – Das »Gelobte Land«

»California is a State of Mind« – Kalifornien ist ein Stück Lebensanschauung –, sagt man. Auf alle Fälle ist es kein gewöhnlicher Bundesstaat. In der Tat sehen die Kalifornier ihren Staat als eigenständig und in vielerlei Hinsicht als vom »Rest der Welt«, oder zumindest von Amerika, verschieden an. Schließlich gibt es keinen zweiten Fleck auf der Erde, der eine derartige geografische und kulturelle Vielfalt aufweist wie der Golden State. Auch für Reisende auf der Route 66 war und ist der Sonnenstaat das »Gelobte Land«, das Ziel einer langen Tour. Die Kulisse mag sich inzwischen verändert haben, doch noch heute steht man staunend über den Hügeln von Los Angeles, dem Endpunkt der Route 66, und blickt fasziniert hinab auf das Lichtermeer dieser einzigartigen Megalopolis.

Los Angeles ist das Spiegelbild Kaliforniens und wie der ganze Staat voller Kontraste: Fitnessfreaks und Junkies, Hippies und Yuppies, Freizügigkeit und Political Correctness, Schönheits- und Fitnesswahn, Glamour und Slums, Umweltbewusstsein und Verschwendung existieren hier Tür an Tür. Der historische Ballast ist gering, man nimmt Neues unbedarft in Angriff, sei es im Weinbau oder in der Kochkunst, in der Kunst, der Architektur oder was neue Geschäftsideen angeht. Kreativität und unerschütterlicher Optimismus sind Züge, die die Kalifornier auszeichnen – und das trotz (oder wegen) der ständigen Angst vor dem »Big One«, dem nächsten großen Erdbeben.

Sonne und Hitze, Strand und Meer, Los Angeles und San Francisco – das sind einzelne Puzzlesteine, die sich mit vielen anderen zum harmonischen Ganzen zusammenfügen. Die klimatische Bandbreite reicht von hochalpin bis subtropisch, und die Landschaft ist enorm vielseitig: hitzeflimmernde, vegetationsfeindliche Wüsten und undurchdringliche Regenwälder, verschneite Hochgebirge und schroffe Canyonlandschaften, fruchtbare Ebenen und traumhafte Felsküsten, flache Strände und Skipisten, qualmende Vulkane und eisige Seen.

Ein Land der Kontraste

◁ **Hitze, Sanddünen**, Steinhaufen, endlose Weite und Einsamkeit – das ist die eine Seite der Medaille im Hinterland zwischen Pazifikküste und Las Vegas. Am berühmtesten ist dabei das Death Valley. Das »Tal des Todes« kennt man aus zahllosen Western und Science-Fiction-Filmen. Es waren die fast künstlich und lebensfeindlich wirkende Landschaft und die extremen klimatischen Bedingungen, die das Death Valley hollywood-tauglich machten.

▷ **Don Quijote**, der »edle Ritter von der traurigen Gestalt« aus dem spanischen La Mancha, der einst für schöne Burgjungfrauen den Kampf gegen Windmühlen aufnahm, würde heute vor den Toren von Palm Springs wohl vor Schreck vom Pferd fallen. Nicht eine, sondern Hunderte modernster Windmühlen drehen sich im heißen Wüstenwind östlich von Los Angeles und erzeugen die lebensnotwendige Energie für die Wüstenoase Palm Springs im Hinterland der Pazifik-Metropole.

▷▷ **Dort, wo Mojave**- und Sonorawüste aufeinandertreffen, liegt der sehenswerte Joshua Tree National Park. Sind für Arizonas Wüstenlandschaften die Saguaros (Säulenkakteen) das Symbol, ist es in Kalifornien der Joshua Tree. Der Name dieser Pflanze und damit auch des Nationalparks nahe Palm Springs geht auf die Mormonen, die ersten weißen Siedler, zurück. Beim Anblick der Pflanzen fühlten sie sich an den Gebetsgestus eines stillen Gottesverehrers in der Wüste erinnert und verwendeten deshalb nach dem biblischen Jahwe (Gott) den Namen »Joshua Tree«. Dabei handelt es sich allerdings nicht um einen Baum, sondern um ein Agavengewächs, *Yucca brevifolia*.

▷▷▷ **Durch das unwirkliche** kalifornische Wüstengebiet führen nicht nur Autobahnen schnurstracks Richtung Küste. Die Eisenbahn folgte einst den ersten Indianer- und Siedlerpfaden und spielt heute wieder eine zunehmend wichtige Rolle als umweltfreundliches Transportmittel.

Im »Tal des Todes«

Rund 50 Grad Celsius im Schatten bei einer Luftfeuchtigkeit von weniger als sechs Prozent lässt den Schweiß bereits beim Austreten auf der Haut verdunsten. Wir befinden uns jedoch nicht in der Libyschen Wüste, der angeblich heißesten der Welt, sondern im legendären »Tal des Todes«. Wie Las Vegas liegt das Death Valley zwar nicht an der Route 66, doch von dieser nur einen Steinwurf entfernt. Grund genug, sich dieses unglaubliche Naturdenkmal anzusehen.

Die höchste Temperatur im Death Valley wurde im Juli 1913 gemessen: 57 Grad im Schatten; minus neun Grad verzeichnete man hingegen im Januar desselben Jahres. Starke jahreszeitliche Unterschiede sind ein Charakteristikum dieser lebensfeindlichen Region im Grenzgebiet zwischen Kalifornien und Nevada, nordwestlich der Glimmerstadt Las Vegas. Dazu kommen verschwindend geringe Niederschläge von nur rund fünf Zentimetern jährlich.

Das Death Valley bildet den nördlichen Teil der nach einem Indianerstamm benannten Mojave-Wüste. Sie erstreckt sich zwischen Los Angeles und Las Vegas und wird im Südteil von der Route 66 durchquert. Gerahmt von der Paramint-Bergkette liegen Salzebenen und Dünen in einem von den Shoshone-Indianern nicht ohne Grund »Tomesha« (Feuergrund) genannten Tal. Badwater, der heißeste Fleck und zugleich der tiefste Punkt der USA, 85,34 Meter unter dem Meeresspiegel, befindet sich mitten im Tal. Die Entstehung dieses in Filmen gern skelettübersät dargestellten Tales reicht rund drei Millionen Jahre zurück: Ursprünglich befand sich hier ein großes Binnenmeer, das nach einem gigantischen Vulkanausbruch ausgetrocknet war. Sanddünen und Felsen, Vulkankrater und Canyons entstanden, und mit ihnen entwickelte sich ein »Land der Stille«, überwachsen von Mesquite-Sträuchern, Bartgras und Yucca.

Los Angeles – Megalopolis mit Strand

Der englische Schriftsteller Aldous Huxley, der den Großteil seines Lebens in Kalifornien verbrachte, meinte einmal, Los Angeles sei keine Stadt, sondern hundert Vororte auf der Suche nach einer City.
In der Tat ist »L. A.« alles andere als eine gewöhnliche Stadt. Zwar markiert – sofern nicht gerade Smog den Himmel trübt – ein Häufchen Hochhäuser weithin sichtbar den Kern der 1781 von Spaniern gegründeten »Stadt der Engel«, doch wachsen rings um die Metropolis Siedlungen wie ein wuchernder Pilz, übergangs- und grenzenlos. Vorort um Vorort entsteht, und inzwischen gehören über 90 Gemeinden – teils eigenständige Städte – mit rund 13 Millionen Menschen zum Großraum Los Angeles. Wie Arme einer riesigen Krake räkeln sich vielspurige, immer überfüllte Autobahnen übers Land, scheinen unauflöslich ineinander verknotet und bereit, jeden zu verschlingen, der sich auf ihre Teerpisten wagt. Doch der Mutige, der den »gordischen Knoten« der Highways entwirren kann, wird der Megalopolis durchaus auch Reize abgewinnen – selbst wenn diese kilometerweit auseinanderliegen.

◁ **Der Grossraum L. A.** hat viel zu bieten: Ist man am ersten Abend noch gemächlich über den Sunset Boulevard promeniert (oben), könnte man am nächsten Morgen schon Venice Beach (Mitte) erkunden und anschließend ein Konzert in der architektonisch aus dem Rahmen fallenden Walt Disney Concert Hall vom Reißbrett des weltberühmten Architekten Frank Gehry (unten) genießen.

▷ **Und immer lockt** das Meer: am Pazifikstrand bei Santa Monica (unten) endete einst die legendäre Route 66, wobei der Vergnügungspier (oben), wenn auch in altertümlicherer Form, schon 1916 entstanden ist.

SAHARA
MOTOR
MOTEL
SALMON

Glitzer und Glamour in Hollywood

◁ **Hollywood ist das Synonym** für Glitzer und Glamour, Showbiz und American Dream, Oscars und Filmstudios, Walk of Fame und Man's Chinese Theater. Vom alten Glanz von »Tinseltown«, der »Lamettastadt«, wo Peepshows einen Boom initiierten, der 1910 in der Gründung von ersten Studios gipfelte, ist allerdings nur wenig geblieben. Die Filmindustrie verteilt sich mittlerweile auf den gesamten Großraum, und die 1964 eröffneten Universal Studios, die weltgrößten Film- und TV-Studios, sind inzwischen zu einer Stadt in der Stadt, zur Universal City, angewachsen. Auch die Stars sind seitdem umgezogen, in die Westside, nach Beverly Hills – mit dem legendären Rodeo Drive, der exklusivsten und bestbewachten Einkaufsmeile der Welt –, nach Bel Air oder Malibu. Der Sunset Boulevard, der mitten durch Hollywood führt, ist als Relikt alter Zeiten geblieben und wird seinem legendären Ruf auch heute noch gerecht.

▷ **Eine grosse Leuchtschrift** hoch über der Stadt, im Griffith Park, kündigt es großspurig an – »H-O-L-L-Y-W-O-O-D« (oben) –, und dieser Schriftzug, der einst Immobilienkäufer anlocken sollte, hat bis heute kaum an Anziehungskraft verloren. War noch vor Jahren ein Bummel auf dem Hollywood Boulevard eine herbe Enttäuschung, haben Verschönerungsmaßnahmen, Neubauten und Renovierungen dem Zentrum Hollywoods inzwischen ein Facelifting verpasst. Hauptanziehungspunkt ist der Walk of Fame (Mitte und unten). 1961 ins Leben gerufen, haben sich seither auf rund 2,5 Kilometern über 2200 Stars verewigt. Von der La Brea Avenue, wo eine Statue von Marilyn Monroe den Anfang markiert, reicht die illustre Serie bis zur Vine Street. Die meistbewunderten Sterne auf dem Asphalt sind neben dem von Marilyn jene von James Dean, John Lennon und Elvis Presley. Mehrmals im Jahr kommen neue Ehrungen hinzu, dabei muss der Star allerdings die Platte selbst bezahlen – ewiger Ruhm kostet schließlich seinen Preis!

RANDY'S
DONUTS
QUICK-N-SPLIT
BURGERS
old fashion
ICE
CREAM
DRIVE
THRU

Johnny Rockets
THE ORIGINAL HAMBURGER
ES
MALTS
OPEN
HAMBURGERS
SANDWICHES

Mit Mickey Mouse an den Strand

◁ **Hunger bekommen?** Kein Problem, gerade im Großraum von Los Angeles ist das Angebot riesig und reicht von einfachen Imbiss-Lokalen (oben) über wiederbelebte Diners aus den 1950ern (unten) bis hin zu weltberühmten Sterne-Restaurants.

▷ **Kalifornien** ohne Disneyland? Undenkbar! Seit mehr als einem halben Jahrhundert gibt es den Vergnügungspark in Anaheim, einer Stadt im Südosten von Los Angeles. In dieser Kunstwelt, für die Bauten aus aller Welt ebenso wie ferne Galaxien nachgebaut wurden, erwachen die Heldenfiguren der Kindheit zu neuem Leben. Hier schütteln Mickey Mouse, Goofy und andere weltberühmte Disney-Figuren den jährlich rund zehn Millionen Besuchern die Hand. Seit der Eröffnung am 17. Juli 1955 – lange vor Disney World in Florida (1971) – erfreut sich die Traumwelt Walt Disneys (1901–1966), sein »Happiest Place on Earth«, ungebrochener Beliebtheit (oben).

▷▷ **Über eine Strecke** von mehr als 100 Kilometern reiht sich an dem Küstenstreifen rings um Los Angeles ein Sandstrand an den nächsten. Surfsound, Beachboys und -girls sorgen das ganze Jahr, rund um die Uhr, für Ferienstimmung. Mit fröhlichem Hedonismus präsentieren die Schönen ihre sonnengebräunten, muskelstrotzenden Körper.
Die bekannteste Küstengemeide des Großraums ist neben Santa Monica, einst beliebte Heimat deutscher Emigranten wie Thomas und Heinrich Mann, Brecht, Döblin oder Feuchtwanger, Venice Beach (Mitte und unten). Ein reicher Kalifornier namens Abbot Kinney war zu Beginn des 20. Jahrhunderts derart von Venedig angetan gewesen, dass er sich hier die Lagunenstadt nachbauen ließ. Insgesamt rund 26 Kilometer an Kanälen und unzählige Brücken wurden konstruiert, Gondeln beschafft und Gondolieri engagiert. Dennoch blieb der erhoffte Immobilienboom aus, Kaliforniens Venedig geriet in Vergessenheit und wurde erst in den 1950ern von Künstlern und Aussteigern wiederentdeckt: »Not exactly Italy, but very California!«

Stets eine Nasenlänge voraus

Ein großer Hit der wohl berühmtesten Rockband aus Kalifornien – der Eagles – hieß »Life in the Fast Lane«. Und in der Tat, man lebt im Großraum Los Angeles ständig auf der Überholspur, ist dauernd eine Nasenlänge beziehungsweise eine Idee voraus. Hier werden Trends geprägt, Stars gemacht, und Mobilität spielt eine maßgebliche Rolle. In der »Stadt der Engel« ist man ohne fahrbaren Untersatz aufgeschmissen, auch wenn neuerdings ein Umdenken spürbar ist und der Nahverkehr auf Schienen einen Aufschwung erlebt.

◁ **Strassenkreuzer** wie dieser Cadillac aus dem Jahr 1959 vor dem Hard Rock Café, aus der Blütezeit der Route 66, haben musealen Wert und konnten wegen der geringen Niederschläge und damit geringen Rostgefahr die Zeiten so gut überstehen. Ihr enormer Benzinkonsum hat sie als Alltagsgefährte allerdings untauglich gemacht. Dennoch sieht man hin und wieder »Classic Cars« durch die Straßen der Megalopolis cruisen, mehr zum Sehen und Gesehen werden, als um rasch von Punkt A nach B zu gelangen.

▷ **Ein beliebter Treff** für Oldtimer-Fans ist stilecht »Ruby's Diner« in Laguna Beach. 1980 hatte der Kalifornier Doug Cavanaugh, der zuvor erfolgreich an der Ostküste ein Lokal betrieben hatte, eine zündende Idee: Er renovierte zusammen mit einem Freund einen alten Diner aus den 1940er-Jahren am Balboa Pier und ließ damit die 1940er- und 1950er-Jahre wiederaufleben. Wie groß der Erfolg sein würde, konnten die beiden damals nicht ahnen. Mittlerweile gibt es schon Filialen in sieben US-Bundesstaaten!

RUBY'S
AUTODINER
CHEVROLET
FLOWERS

Kalifornien – Am Rand des Universums

Wo anders ließe sich eine grandiose Reise passender beenden als in einem Strandrestaurant, wie diesem hier in Laguna Beach, mit Blick auf den Pazifik. Wenn die Sonne weit draußen im Meer versinkt, fühlt man sich am »Edge of the Universe«, am Rand des Universums. Darauf stößt es sich am besten mit einem edlen Tropfen aus dem gelobten Land Kalifornien an ...

Impressum

Der Fotograf:
Christian Heeb, 1962 geboren, ist einer der erfolgreichsten Reisefotografen weltweit. Seine Fotos und Bildreportagen erscheinen in Magazinen wie »Abenteuer & Reisen«, »Animan« und »Grands Reportages«. Er ist Bildautor von über 100 Büchern und unzähligen Kalendern. Christian Heeb lebt auf einer Ranch in Bend, Oregon (USA). Er wird in Deutschland durch die Agentur laif in Köln vertreten. Seine Bilder werden international publiziert und ausgestellt. Mehr Infos unter: www.heebphoto.com.

Die Autorin:
Dr. Margit Brinke und Dr. Peter Kränzle sind seit vielen Jahren als freie Buchautoren und Journalisten tätig. Sie arbeiten regelmäßig für verschiedene Magazine, Tageszeitungen und Webseiten und haben in verschiedenen Buchverlagen bereits über 60 Titel zu Reise, Sport und Kultur, mit Schwerpunkt USA, publiziert. Auch bei Bruckmann liegen mehrere Titel vor, zuletzt erschienen sind die Länderporträts »USA - Neuengland«, »USA – der Westen«, »USA – der Süden«, »USA – der Osten« sowie »Die USA neu entdecken«.

Einbandfotos:
Vorderseite: Branson, Missouri
Rückseite: 110 Stundenkilometer sind das Limit auf dem I-40 vor Oklahoma City.

Bildnachweis:
Oklahoma Tourism / Jennifer Pitts: S. 40;
M. Brinke / P. Kränzle, Augsburg: S. 41 (2);
Archiv für Kunst und Geschichte, Berlin: Nachsatz
Alle anderen Abbildungen stammen von Christian Heeb

Alle Angaben dieses Bandes wurden von der Autorin sorgfältig recherchiert und vom Verlag auf Stimmigkeit und Aktualität geprüft. Allerdings kann keine Haftung für die Richtigkeit der Informationen übernommen werden. Für Hinweise und Anregungen sind wir dankbar.
Zuschriften an den:
Bruckmann Verlag,
Produktmanagement,
Postfach 400209,
D-80702 München
E-Mail: lektorat@bruckmann.de

Produktmanagement: Joachim Hellmuth
Graphische Gestaltung: Werner Poll, Putzbrunn
Kartografie: Astrid Fischer-Leitl, München
Herstellung: Bettina Schippel
Repro: Repro Ludwig, Zell am See
Gesamtherstellung: GeraNova Bruckmann Verlagshaus GmbH

Die Deutsche Nationalbibliothek–
CIP Einheitsaufnahme

ISBN 978-3-7654-5398-4

50
127
122
117
112
107
Longitude
102
West
DOMINION
WASHINGTON TERR.
Olympia
Portland
Columbia R.
Missouri R.
Helena
ROCKY MOUNTAINS
MONTANA TERR.
Yellowstone R.
DAKOTA TERR.
IDAHO TERR.
OREGON
CALIFORNIA
NEVADA TERR.
NEBRASKA TERR.
Salt Lake City
UTAH TERR.
Sacramento
San Francisco
Denver
COLORADO TERR.
KANS
Santa Fe
ARIZONA TERR.
NEW MEXICO TERR.
Los Angeles
Colorado R.
Red
TEXA
MEXICO
Rio Grande
PACIFIC OCEAN
45
40
35
30
25
40
35
30
Longitude
25
West
REFERENCE
Approximate limit occupied by U.S. Troops Jan. 1, 1861
Sherman's March
Railroads
Blockade
Forts
Union States
Early Secession
Later "